L'INDUSTRIE LINIÈRE

DANS LE NORD DE LA FRANCE.

Ⓒ

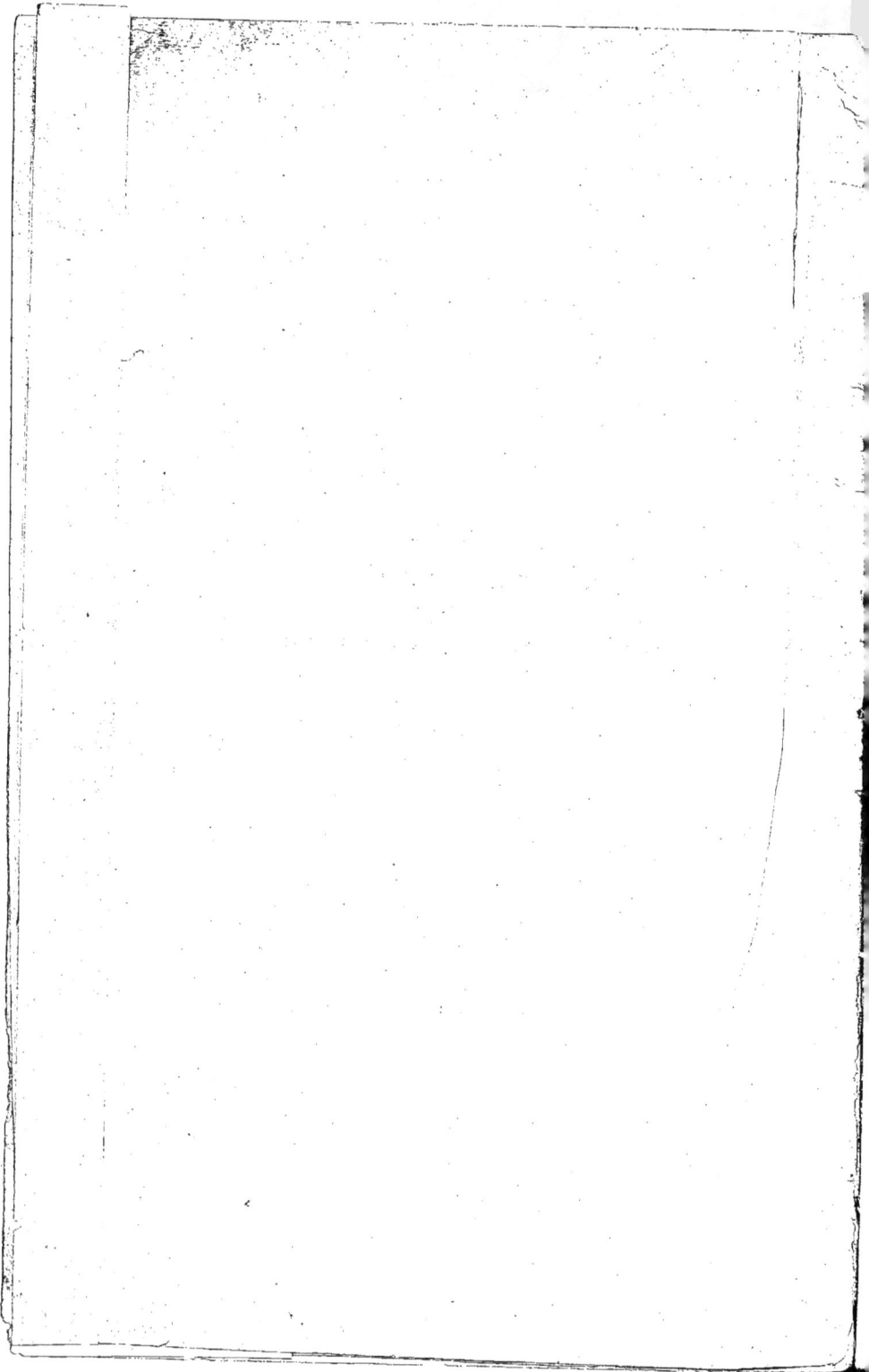

L'INDUSTRIE LINIÈRE

DANS LE NORD DE LA FRANCE

PAR

ÆMILE DELESALLE,

MANUFACTURIER,

Chevalier de la Légion-d'Honnèur.

———◆———

LILLE,

IMPRIMERIE L. DANEL.

1865.

Programme mis au concours par la Société Dunkerquoise pour l'encouragement des Sciences, des Lettres et des Arts.

« Faire succinctement l'histoire de l'industrie linière dans le Nord de la France, depuis l'origine de cette industrie jusqu'à ce jour, sous le triple rapport de la culture du lin, de son travail et de l'hygiène ; apprécier les progrès obtenus, signaler les améliorations désirables, notamment au point de vue hygiénique. On a remarqué que l'humidité des ateliers produit souvent des accidents funestes aux travailleurs et que l'absorption de la poussière, dans certaines phases du travail des filatures, engendre de nombreuses affections des organes respiratoires ; en conséquence formuler de salutaires avis relatifs aux conditions de recrutement des ouvriers, des jeunes enfants surtout, et au mode de travail. »

Médaille d'honneur décernée à M. Emile DELESALLE, ancien Président du tribunal de commerce de Lille.

L'INDUSTRIE LINIÈRE

DANS LE NORD DE LA FRANCE.

Les divers écrits qui ont paru jusqu'à ce jour sur l'industrie linière ont tour à tour traité de questions spéciales à l'une des branches de cette industrie ; mais presque tous ont négligé le point de vue pratique et très-intéressant de l'hygiène des ouvriers.. Le programme indiqué par la Société des Sciences et Arts de Dunkerque, soulève à ce sujet une question d'une importance incontestable. Quoique nos connaissances en médecine soient bien faibles, nous avons cru qu'il était fait appel plutôt à la pratique qu'à la théorie, et qu'à ce titre, notre vieille expérience d'industriel linier nous mettait à même de fournir quelques renseignements utiles.

En faisant l'historique des diverses transformations qui se sont opérées dans cette industrie, notre intention n'est pas d'aborder le terrain brûlant des questions économiques : un système nouveau est à l'épreuve ; nous en attendrons les résultats pour juger si la France a ou non bien fait, en se lançant hardiment dans la voie de la liberté commerciale. Nous nous bornerons à constater les effets sans en approfondir les causes, ne voulant pas que notre appréciation du passé paraisse vouloir d'avance condamner l'avenir.

Pour faire ressortir la solidarité qui unit toutes les branches d'une industrie qui fait la richesse de notre pays, nous examinerons successivement les diverses opérations qui s'y rattachent. Notre travail se divisera en trois parties distinctes, traitant de la culture, de la filature et du tissage du lin dans le nord de la France, au triple point de vue de l'histoire, de l'industrie et de l'hygiène. Sans avoir la prétention de servir de guide à des industriels plus capables que nous, nous nous estimerons heureux, si en constatant les améliorations obtenues dans le passé, nous avons déposé les germes du progrès dans l'avenir.

CULTURE.

L'industrie du lin, comme celle de la laine, est aussi ancienne que le monde; partout où l'usage des vêtements s'introduit, nous retrouvons le produit végétal à côté du produit animal. La quenouille et le rouet, ces outils primitifs de nos pères, se sont perpétués jusqu'à nos jours; cependant à en juger par des échantillons de tissus qui ont été conservés, on serait tenté de supposer qu'un autre mode de filer le lin était connu des peuples anciens. On montre actuellement à l'exposition polytechnique de Londres, des fragments de tissus de lin trouvés dans des tombeaux égyptiens, et qui, quoique grossiers en apparence, présentent, vus au microscope solaire, une régularité de fil plus parfaite que les plus fines batistes tissées de nos jours. Quoi qu'il en soit, on attribue généralement l'introduction dans notre pays de l'usage du lin, à des peuplades barbares, venues des bords de la mer Caspienne, et qui se seraient établies dans les Flandres, environ trois cents ans avant l'ère chrétienne. C'est ce qui explique comment, lors de l'invasion des Gaules par les Romains, nos ancêtres portaient déjà le sarreau (sagum) qui est resté en quelque sorte le vêtement national de nos populations flamandes.

En entreprenant l'histoire de l'industrie linière dans le nord de la France, nous devons nous rappeler, qu'il y a deux siècles, nous étions encore flamands ; c'est donc dans les annales de la Flandre que nous devons rechercher les documents relatifs à l'importance de cette industrie chez nos ancêtres.

L'industrie linière n'était pas, au moyen-âge, constituée comme elle l'est de nos jours ; il n'y avait pas alors cette concentration des forces industrielles qui fait de l'exportation une loi absolue. Chacun récoltait, filait et tissait son lin, comme nous voyons encore le cultivateur belge planter en tabac ce qui est nécessaire à sa propre consommation. Mais en dehors de cette fabrication ménagère, certains centres manufacturiers s'occupaient plus spécialement des produits de luxe, à l'usage des classes riches ; c'est là ce qui valut aux toiles de Flandre la renommée dont elles jouissaient alors par toute l'Europe. Une erreur leur fit donner, pendant quelque temps, le nom de toile de Hollande ; ce fait provenait, d'une part, de ce que les Hollandais, grâce à leur marine, étaient mieux placés pour vendre, sur les marchés étrangers, les produits manufacturés dans notre pays ; d'un autre côté, leurs blanchisseries avaient une supériorité incontestable, due à la nature des lins du pays et à l'humidité du climat ; aussi, ce n'est que plus tard, lorsque nous parvînmes à imiter le blanc de Hollande, que les toiles de Flandre reprirent leur ancienne réputation.

Il suffit de parcourir les nombreux documents qui nous restent sur le commerce des Flandres, depuis le dixième jusqu'au dix-huitième siècle, pour trouver à chaque page les preuves de l'importance que l'industrie du lin avait acquise dans nos contrées. Nous n'entrerons pas dans des détails historiques qui pourraient présenter un certain intérêt pour l'antiquaire, mais qui s'éloigneraient du point de vue pratique auquel nous nous sommes placés. Qu'il suffise de dire que, pendant cette période, tous nos produits liniers, depuis les tissus les plus communs, jusqu'aux plus riches dentelles, s'exportaient sur une large échelle, non-seulement dans les autres provinces françaises, mais dans toute l'Europe. Décrire toutes les alternatives de prospérité et de revers que cette industrie eut à subir, ce serait faire l'histoire des événements politiques qui ont fréquemment agité un pays, dans lequel le goût du travail était loin d'avoir fait disparaître les instincts guerriers et patriotiques. Mais avant d'étudier l'industrie linière au dix-neuvième siècle, qu'on nous permette de citer un document historique, qui, tout en montrant l'intérêt que les souverains de la Flandre portaient à une de ses plus belles industries, indiquera en quelques lignes les diverses opérations que nous aurons à examiner dans notre travail. Lorsque la comtesse de Flandre, Isabelle, fit son entrée dans Courtrai, on représenta devant elle, sur un théâtre, tous les travaux de l'industrie linière. On avait dressé un théâtre à dix degrés qui se succédaient en tournant autour de la place; la manutention du lin y était représentée dans toutes ses phases. Sur le premier gradin, on préparait la terre et on y ensemençait le lin; sur le deuxième, le lin avait poussé, des paysans le sarclaient; sur le troisième, le lin était mûr, on le cueillait, on l'assemblait en petites bottes et on retirait la graine; sur le quatrième, où se trouvait un bassin rempli d'eau, on le faisait rouir; sur le cinquième, on le faisait sécher et des villageois le teillaient; le lin, séparé de la paille, était peigné sur le sixième degré; on le filait sur le septième; sur le huitième on le tissait; sur le neuvième, on blanchissait la toile au pré; sur le dernier étage, un marché était établi, on y vendait la toile.

Nous examinerons successivement toutes ces manutentions que le lin doit subir avant d'arriver à la consommation; nous dirons ce qu'elles étaient au commencement du siècle, ce qu'elles sont aujourd'hui; pour nous renfermer dans les limites du programme qui nous est tracé, les détails que nous indiquerons auront rapport spécialement au département du Nord. Il ne faudra donc pas s'étonner de rencontrer parfois des noms propres, connus particulièrement dans notre pays; sans avoir la prétention d'écrire l'histoire complète de l'industrie linière du Nord, nous préparerons pour d'autres plus compétents, des documents inédits, uniquement puisés dans notre mémoire.

Culture. — Le lin qui se cultive dans le nord de la France est

L'espèce désignée par Linnée, sous le nom de *Linum usitasissimum*; les caractères qui la distinguent sont : annuelle, tiges de 30 à 130 centimètres, feuilles éparses, lancéolées ; fleurs terminales bleues; sépales trinervés, capsule terminée en pointe. On le sème généralement dans la seconde quinzaine de mars, pourvu que la terre soit bien préparée et que l'état de l'atmosphère soit favorable. Le sol doit être parfaitement asséché, purgé des mauvaises herbes, bien défoncé et divisé, pour que la racine pénètre profondément en terre. Le lin revient dans notre assolement tous les sept ans, généralement après une récolte de blé ou d'avoine ; pour les terres fortes des environs de Lille, il exige deux labours; l'un en automne, l'autre au printemps, suivis d'un hersage, après lequel on aplanit la terre à l'aide du rouleau ; on gratte ensuite la terre avec une herse fine, pour faciliter les semailles. Dans les terres légères, un seul labour de quinze centimètres de profondeur, fait au printemps, peut suffire. Quant à la nature et la quantité des engrais, elles varient également suivant la composition du sol ; dans les terres de bonne qualité, on emploie avantageusement l'engrais liquide et le tourteau de colza ; les terres argileuses doivent être amendées avec du calcaire, les terres humides avec des cendres ; le but que l'on se propose dans les divers amendements est d'éviter à la plante trop de sécheresse ou d'humidité, ces deux conditions étant également nuisibles.

La plupart des graines à semer se tirent de la Russie; on remarque qu'après deux récoltes, les semences dégénèrent, soit à cause de la nature du sol, soit parce que la culture du lin se faisant dans notre pays, surtout en vue de la filasse, on n'y laisse pas la graine atteindre une maturité convenable. La graine de Russie est désignée sous le nom de graine de tonne, parce qu'elle est expédiée en baril; lors de la seconde année, elle prend le nom de graine après tonne, et subit une dépréciation, car les bons cultivateurs ne sèment généralement que de la graine de tonne. Cette dernière elle-même laisse parfois à désirer par suite des mélanges qu'on y introduit; la meilleure est lourde, grasse, d'une teinte brun-clair, offrant des grains égaux en volume. On peut en faire l'essai avant de l'acheter, en semant un échantillon pendant le mois de février; mais généralement le vendeur en garantit la levée. Plusieurs fois déjà, l'attention du gouvernement russe a été appelée sur les fraudes qui se pratiquent par les vendeurs; c'est pour ce motif que ces graines s'expédient toujours en barils fermés, à la marque de l'expéditeur; cette circonstance a permis de soumettre cet article à un régime différent de celui qui régissait les graines pour huile, à leur importation en France. Dès l'année 1854, le gouvernement voulant encourager le développement de la culture, affranchit de tout droit, la graine à semer en baril, importée sous pavillon russe ou français.

La graine, recouverte d'environ deux centimètres de terre, germe et se développe plus ou moins vite, suivant les variations atmosphériques; quand la plante a atteint sept ou huit centimètres de hauteur, on procède au sarclage. Cette opération est faite par une troupe d'ouvriers qui avancent en ligne, sous la direction d'un surveillant, de manière à enlever toutes les plantes parasites. Ces ouvriers se recrutent généralement parmi les femmes et les enfants, dont les salaires sont moins élevés que ceux des hommes; on choisit, autant que possible, le moment où la surface de la terre présente un peu d'humidité, afin que les racines des mauvaises herbes puissent être entièrement arrachées. Pour ce motif, les travailleurs doivent se placer sur des morceaux d'étoffes grossières, qui les protégent contre l'humidité du sol et permettent de nuire moins à la plante, qui se relève immédiatement, pourvu que le sarclage ait été dirigé à l'encontre du vent.

Ainsi que nous l'avons dit plus haut, c'est surtout en vue de la filasse que le lin se cultive dans notre pays; la graine n'est considérée que comme l'accessoire; quoiqu'elle rapporte encore en moyenne 200 francs par hectare. Ceci explique pourquoi la récolte se fait avant que la plante soit arrivée à complète maturité; le lin semé dru est arraché alors que la tige, encore verte, commence à prendre une teinte jaunâtre; on laisse ainsi à la partie filamenteuse toute sa finesse, et la graine qui se développe et mûrit après l'arrachage sert, soit à fabriquer de l'huile, soit pour semer, lorsqu'elle est le produit d'une première récolte de graine de tonne.

Au sujet de la graine, nous remarquerons que ce premier produit du lin donne naissance à un commerce et à une fabrication d'une grande importance. Outre de nombreux moulins à vent, cette graine alimente dans notre pays plusieurs fabriques d'huile de lin. Cette industrie, autrefois très-prospère, a souffert momentanément par suite du décret du 20 décembre 1854 qui, en abaissant de 25 à 10 francs, le droit d'importation sur les huiles étrangères a permis à l'Angleterre de nous en expédier des quantités considérables. Nos graines de lin ont eu à soutenir la concurrence des graines importées de la Russie et des Indes; d'un autre côté, nos fabriques d'huile se plaignaient d'avoir à payer un droit d'importation sur leur matière première, en même temps qu'un droit de sortie les empêchait de trouver un placement avantageux de leurs tourteaux. Depuis lors, le régime de liberté, appliqué à la fois aux huiles, aux graines et aux tourteaux, semble devoir être plus favorable à cette industrie, dont nous n'avons parlé en passant, que pour signaler deux produits dérivés du lin : l'huile qui forme la base de presque tous les vernis, et le tourteau qui fournit un excellent engrais pour les bestiaux.

Quand le lin a atteint une maturité convenable, on en détache les capsules qui contiennent la graine, au moyen d'un peigne à dents de fer, à travers lesquelles on fait passer les tiges rassemblées en poignées; ces capsules, recueillies dans une toile, sont exposées au soleil, et quand elles sont parfaitement sèches, on en extrait la graine au moyen d'une batteuse. Quant aux tiges, on les met en bottes et on en forme sur le sol deux rangées, obliquement inclinées l'une vers l'autre, de manière à résister au vent et à la pluie. Ces petites bottes en forment ensuite d'autres plus fortes, pesant environ 5 kilos, que l'on dispose en meules et qui restent dans cet état pendant plusieurs semaines, en plein air, afin d'éviter toute fermentation.

Nous arrivons au rouissage du lin, mais cette opération sortant de la culture proprement dite, pour entrer dans le domaine de l'industrie, avant d'en indiquer les détails, nous croyons devoir jeter un coup-d'œil général sur l'état plus ou moins prospère de cette culture depuis le commencement du siècle présent.

La culture du lin demandant un grand nombre de bras, tant pour le travail agricole que pour le rouissage et le teillage, il n'est pas étonnant qu'après les grandes guerres de l'Empire, cette culture ait perdu une partie de l'importance qu'elle avait précédemment. Presque tout le lin récolté dans le nord de la France était consommé dans le pays ; on n'en exportait qu'une très-faible partie destinée au filage des numéros fins ; quant aux produits filés ou tissés, la cherté de la main d'œuvre en rendait l'exportation très-difficile. Aussi, vers cette époque (7 mai 1810), Napoléon 1er promit-il une récompense d'un million de francs à celui qui trouverait le moyen de filer le lin mécaniquement. Ce stimulant, joint à l'effet produit par un décret de 1816, frappant d'un droit de quatre francs par 100 kilog. les lins importés de la Belgique, attira l'attention de nos cultivateurs. On oublia les quelques mauvaises récoltes que l'on avait eues successivement et la culture reprit un nouvel essor.

En 1822, un second décret porta à 10 francs le droit d'importation, et dès lors, la culture du lin se développant de plus en plus, atteignit, pour le département du Nord, un chiffre de 15,000 hectares ; elle était alors à son apogée ; nos produits liniers s'exportaient sous forme de lin peigné, de fil et de toile.

Mais une révolution dans l'industrie allait amener une nouvelle perturbation dans l'état de la culture ; des machines à filer, inventées en France et perfectionnées en Angleterre, mettaient ce dernier pays en position de faire à nos fileuses une concurrence redoutable. Dès 1825, on voit arriver à Lille des fils anglais produits par ces machines, et cette importation, d'abord minime, monte, en 1833, au chiffre de 400,000 kilos pour atteindre, en 1842, celui de 11,000,000 kilos pour les fils seulement. Cette introduction de produits étrangers eut d'abord, sur la culture, un effet peu sensible, car les Anglais achetaient chez nous une partie des lins qu'ils nous réexpédiaient en fils; mais plus tard, le perfectionnement des machines leur permit d'employer des lins que leur peu de qualité avait fait jusque-là considérer comme impropres à la filature mécanique. Ces lins, entrant d'abord comme mélange, absorbèrent bientôt presque toute la consommation ; pour soutenir une concurrence ruineuse, il fallut baisser à la fois le prix de la matière et celui de la main-d'œuvre : la culture commença à décroître, et elle n'occupait plus, en 1842 , que 10,000 hectares. Malgré les nombreuses réclamations des cultivateurs, le gouvernement, mieux éclairé, comprit qu'il n'y avait de salut pour la culture que dans le développement de la filature mécanique , et en même temps qu'un décret venait réduire à 5 francs, le droit à l'importation des lins étrangers , d'autres élevaient successivement les droits sur les fils et les toiles. Ce système , rigoureux en apparence , était logique : nos lins employés seuls coûtaient trop cher et il fallait pour les faire entrer dans les mélanges , favoriser l'introduction des lins étrangers pour nous permettre de repousser l'invasion des fils et des toiles. Mais la transformation de la filature se faisait lentement, et pendant une assez longue période , nos lins subirent une dépréciation sensible ; la culture se réduisit à 5,000 hectares, soit au tiers de ce qu'elle était en 1822. Cette situation attira l'attention du Comice agricole de Lille qui en fit ressortir auprès du gouvernement tous les fâcheux résultats ; MM. Aubry, Vendois, Testelin et Loiset , représentants du Nord à l'Assemblée législative , proposèrent de porter à 15 francs, le droit à l'importation des lins ; une commission fut nommée pour examiner cette proposition qui finit par être écartée , à la demande de la Chambre de commerce de Lille et du Comité des filateurs. Le résultat que nous avons indiqué plus haut arriva enfin à se produire ; la filature française, convenablement protégée , réussit, en se développant, à repousser peu à peu les produits anglais et belges , et , malgré la suppression complète du droit sur le lin , qui fut décrétée en 1860 , nos cultivateurs ont retrouvé dans les nombreuses filatures du pays un débouché qui ne peut plus leur manquer. Depuis trois ans, les lins se sont vendus dans notre département de 1,200 à 1,600 francs l'hectare, suivant les localités, laissant ainsi un bénéfice moyen d'environ 600 francs qui permet de courir les chances plus ou moins heureuses de la récolte. Aussi peut-on, sans exagération, évaluer à 20,000 hectares l'étendue du terrain consacré au lin, en 1864, dans le département du Nord, soit un tiers en plus de ce qu'elle était avant la filature mécanique. Ce résultat indique assez l'avantage que présente actuellement la culture du lin, alors qu'elle atteint un pareil développement, dans un pays où la fertilité du sol permet de récolter une si grande variété de produits.

Rouissage. — La fibre du lin est une sorte d'écorce qui entoure la partie ligneuse appelée chenevotte; ces deux parties sont en quelque sorte soudées l'une à l'autre par une matière gommo-résineuse que le rouissage a pour but de faire disparaître. Pour y parvenir, on a recours à plusieurs moyens; le plus usité dans nos contrées consiste à placer le lin pendant une douzaine de jours dans des fosses remplies d'eau stagnante, ou, quand on le peut, d'eau vive que l'on détourne d'un cours d'eau voisin. On dépose les bottes de lin en paille dans ces fosses que l'on nomme routoirs, par couches superposées, légèrement inclinées, régulièrement rangées, la tête placée un peu plus haut que le pied; la surface de l'eau est recouverte de mottes de gazon, de manière à intercepter le contact de l'air et de la lumière. La durée de l'opération varie suivant la ntaure du lin, celle de l'eau et l'état atmosphérique; on s'assure du moment où elle est complète, en brisant la chenevotte pour la détacher de la fibre; si ce résultat s'obtient facilement, on retire le lin du routoir et on le fait sécher sur le sol pendant vingt à trente jours, en le retournant chaque semaine. Quand la fibre prend une couleur bleue, on relève le lin en forme de bottes qu'on met en grange pendant quelques jours avant de procéder au teillage. Il est nécesaire de laisser au-dessous et autour des meules ainsi formées, un courant d'air qui amène le lin à un état de siccité convenable et empêche toute fermentation.

Le système que nous venons d'indiquer est celui qu'on emploie généralement dans les arrondissements de Bergues et de Douai, et qui produit la qualité désignée dans le commerce, sous le nom de lin roui à l'eau. La couleur de la filasse, varie suivant que l'eau du routoir est courante ou stagnante ; pour obtenir une nuance bleue, semblable à celle des lins belges, on place dans le routoir, des branches de bois d'aulne ou des coquelicots ; quand l'eau est limpide, et peut se renouveler, on obtient une nuance jaunâtre, particulière aux lins de Douai et de Béthune. Pour obtenir la couleur, dite jaune blanc de la Lys, il faut rouir en rivière ; le routoir est remplacé par une caisse en bois à claire-voie, qu'on distingue sous le nom de ballon, et qui séjourne dans l'eau de telle façon, que sans reposer au fond de la rivière, la partie supérieure soit toujours couverte d'eau. Dans ce mode de rouissage, qui produit les meilleures qualités, l'opération se fait en deux fois : le lin récolté dans l'année, est mis dans l'eau au mois de mai suivant ; après un premier rouissage, on le laisse sécher sur le pré pendant un mois, et on le rentre en grange pour lui faire subir la même opération l'année suivante ; on obtient ainsi des lins blancs de grand tour ; ceux qui n'ont subi qu'un rouissage, sont désignés sous le nom de lins rouis à la minute. Depuis une dizaine d'années, les rouisseurs de la Lys ont adopté un nouveau système qui paraît préférable à tous égards. Après avoir laissé le lin sur le champ pendant quelques semaines, jusqu'à ce que la tige soit assez mûre pour en extraire la graine, on le met à l'eau et aussitôt le rouissage terminé, on fait sécher et on obtient la qualité désignée sous le nom de lin vert. Cette qualité, ainsi que l'indique son nom, n'a pas la belle couleur jaune-blanc que l'on recherchait autrefois ; souvent aussi, pour l'obtenir, doit-on sacrifier une partie de la graine qui n'est pas bien mûre ; mais par contre, le rendement en filasse est meilleur, les frais de manutention moins élevés et cela permet au marchand de lin de rentrer presque immédiatement dans son capital ; aussi ce mode est-il généralement préféré depuis que le filateur à reconnu que cette nuance verdâtre est favorable au blanchiment.

Dans les contrées de l'Artois et de la Picardie, qui ne possèdent ni cours d'eau, ni marais, on se contente d'étendre le lin sur la terre, jusqu'à ce que la rosée ou la pluie l'ait amené à un état suffisant de rouissage ; ce moyen défectueux sous plusieurs rapports, ne produit que des lins de qualité inférieure et on n'y a recours que là où il y a nécessité de le faire. Le seul avantage que ce mode de rouissage présente au cultivateur, c'est qu'il est peu dispendieux et que la filasse, chargée de matières étrangères, semble offrir d'abord un rendement supérieur qui va en s'amoindrissant dans les opérations du filage et du blanchiment.

Nous venons d'indiquer en quelque sorte les moyens naturels de rouir le lin, mais nous ne pouvons passer sous silence les divers essais qui ont été tentés dans notre pays, pour arriver au rouissage manufacturier, tout en constatant que jusqu'ici l'avantage est resté du côté des anciens procédés.

Il y a environ dix ans, MM. Scrive frères ont installé dans leur usine de Marcq-en-Barœul, le rouissage manufacturier, d'après le procédé américain de Scheneck. Ce procédé consiste à remplacer les routoirs par des cuves en bois remplies d'eau, dans lesquelles on place les tiges sur un faux fond à claire-voie qui recouvre un serpentin chauffé par la vapeur. On chauffe l'eau graduellement, de manière à n'atteindre le degré le plus élevé qu'en douze, seize et vingt heures ; quand la température a atteint 32 degrés Réaumur, on la maintient jusqu'à ce que l'opération soit terminée, soit environ pendant soixante heures. On porte ensuite le lin au séchoir à vapeur ou sous des hangars à air libre, afin d'arrêter la fermentation ; quand il est bien sec, on le remet en magasin pendant six semaines avant de le teiller. Ce procédé avait eu une grande vogue en Irlande, car en 1850, on y comptait vingt établissements qui le mettaient en pratique ; aujourd'hui tous ces établissements y ont renoncé, ainsi que l'ont fait MM. Scrive. Outre que le système Scheneck présente de grands inconvénients au point de vue de la salubrité, il n'offre aucune économie de main-d'œuvre; de plus les produits ainsi obtenus, laissent beaucoup à désirer, sous le rapport de la qualité ; ce dernier défaut est de plus en plus sensible, à mesure que la filasse avance en état de fabrication de fil et de toile. Ce système avait pu d'abord séduire les propriétaires irlandais, parce qu'il facilite le placement des lins en paille, en centralisant dans de grandes manufactures les opérations du teillage et du rouissage, en même temps qu'il permet de tirer un meilleur parti de la graine. Celui de Watt, qui lui a succédé, ne promet pas de résultats plus satisfaisants ; on y a réussi à rendre le rouissage à vapeur moins insalubre en supprimant une partie de la fermentation, et en y suppléant par la compression du lin mouillé entre deux rouleaux, qui extraient la gomme; mais cette amélioration n'empêche pas les Irlandais de revenir, quand ils le peuvent, à nos anciens routoirs flamands.

Un de nos compatriotes, M. Terwangne, de Lille, à également travaillé à améliorer le procédé américain, en introduisant dans les cuves routoires des agents chimiques, dont le but est d'empêcher la fermentation de passer à l'état putride. En opérant ainsi, M. Terwangne a fait disparaître en partie le danger résultant des exhalaisons d'hydrogène sulfuré, en même temps qu'il protége la fibre contre la détérioration produite par un reste de fermentation, au moment du séchage.

Nous venons d'indiquer les différents modes de rouissage, actuellement en usage, nous nous en occuperons maintenant au point de vue hygiénique. Le rouissage du lin est-il on non une cause d'insalubrité? Cette question si controversée a été tranchée à plusieurs époques, tantôt par l'affirmative, tantôt par la négative. Une ordonnance du roi d'Espagne, en 1627, réglant la pêche dans l'Escaut, la Lys et la Deûle, défend « de rouir du lin dans les dites rivières, ni dans les mares et les fossés, ni ès écarts d'yceux ayant communication avec ces rivières, à peine de forfaiture, et chaque fois la somme de 20 florins. » Cette même défense est réitérée par de nouveaux arrêts, rendus en 1702, 1713, 1725, 1732 et 1756; en octobre 1815, un décret range le rouissage en

2

grand dans la première catégorie des établissements insalubres,
et dit, qu'en cas de grave danger pour la santé publique, ces
établissements pourront être supprimés ; en 1825, un arrêté du
Préfet du Nord interdit le rouissage dans les canaux et les rivières
navigables du département. En 1849, le conseil général du Nord,
après avoir consulté les diversvs sociétés d'agriculture, propose
d'interdire le rouissage à une distance moindre de 200 mètres des
agglomérations d'habitations ; cette interdiction d'abord prononcée,
est écartée en 1852, à la suite d'un rapport très-remarquable, fait
par M. Loiset, au nom du conseil central de salubrité. Les con-
clusions de ce rapport viennent confirmer celles de M. Th. Mareau
sur la même question, elles se résument ainsi : le rouissage du lin
pratiqué dans les rivières n'est pas insalubre au point de menacer
la vie des hommes et des bestiaux, la poisson seul peut en souffrir.
Quant aux routoirs à eau stagnante, ils répandent une odeur
nauséabonde, lorsque la fermentation est dans un état avancé,
mais les gaz qui s'en échappent ne paraissent pas dangereux pour
ceux qui les respirent ; on leur attribue même un caractère anti-
putride, parce que plusieurs communes, possédant de nombreux
routoirs, ont échappé à l'épidémie du choléra asiatique, et si les
fièvres intermittentes y sont plus fréquentes, il faut en attribuer la
cause à l'humidité des marais, bien plus qu'aux émanations pro-
duites par le rouissage.

Ce que nous venons de dire du rouissage à air libre, cesse d'être
vrai pour le rouissage manufacturier, lequel opère dans des ateliers
restreints, sur des quantités considérables de matière en fermentation, et dans une température toujours élevée. Outre l'acide car-
bonique qui se dégage pendant la durée du travail, les ouvriers
occupés à vider les cuves routoires, respirent un mélange d'azote et
d'hydrogène sulfuré qui peut altérer promptement leur santé. Pour
en combattre les effets pernicieux, on fait prendre périodiquement
aux travailleurs du sel de glauber, comme purgatif ; dans certaines
usines, on recouvre les cuves d'étoffes feutrées qui absorbent une
partie des émanations ; il serait à désirer qu'une ventilation active

fût appliquée à ces ateliers, ce qui est rendu assez difficile pendant l'hiver, par la nécessité de conserver une température constante de 32 degrés dans les cuves.

En résumé, le rouissage manufacturier est sans contredit le plus insalubre; le rorage ou rouissage à la rosée ne l'est pas du tout, mais comme il n'est applicable qu'à des produits de basse qualité, il y a lieu de maintenir le rouissage en routoir et en rivière. Il y a dans l'existence de cette industrie une source de prospérité telle que l'administration supérieure ne voudra pas lui créer de nouvelles entraves, et qu'elle persistera à rejeter des plaintes isolées, dans le genre de celles que les villes de Roubaix et de Tourcoing avaient élevées l'an dernier contre les eaux de la Lys. Il s'agissait pour ces deux villes d'utiliser des eaux industrielles et non des eaux potables, l'inconvénient signalé n'était que momentané et, quoique rendu plus sensible à l'époque du rouissage, par l'odeur d'une eau circulant dans des conduits fermés, il avait été constaté par les organes les plus autorisés de la science, que ces émanations n'avaient rien de dangereux pour la santé publique.

Teillage. — Après que le lin a été roui et séché, on le laisse reposer pendant quelques semaines en magasin pour qu'il reprenne sa nature et on procède ensuite au teillage; cette opération a pour but de séparer la fibre, de la partie ligneuse Pour y arriver, on dispose d'abord le lin par couche légère sur une aire plane, et on brise la paille au moyen d'un maillet cannelé; on détache ensuite cette paille à l'aide d'un couperet en bois qu'on nomme écang, avec lequel on frappe verticalement sur une poignée de fibres maintenue dans l'échancrure d'une planche verticale. La paille, une fois détachée, on passe la filasse sur un peigne destiné à l'assouplir et à enlever les chenevottes les plus tenaces qui sont restées aux extrémités des fibres; pour arriver au même résultat, on emploie aussi un couteau à lame de fer qu'on nomme racloir. Les opérations que nous venons d'indiquer constituent le teillage tel qu'il se pratique ordinairement dans nos campagnes; ce mode est celui qui, jusqu'ici, a donné les meilleurs résultats, tant sous le rapport de la qualité, que comme rendement de filasse; mais outre qu'il nécessite des ouvriers soigneux et habiles, il exige un emploi très-fatigant des bras ; c'est ce qui a décidé un certain nombre de fabricants de lin, à remplacer l'écang ordinaire par le moulin flamand, composé d'une série de couperets de bois disposés en palette autour d'un axe. Dans le teillage à la main, l'ouvrier fait tourner le moulin à l'aide d'un mouvement de rémouleur; dans le teillage mécanique, ce moulin auquel on donne des formes plus ou moins compliquées, suivant la nature et la quantité de produit qu'on veut en obtenir, est mû par la vapeur, ainsi que la machine à broyer composée de rouleaux cannelés, entre lesquels on fait passer les tiges pour briser la chenevotte. Nous avons remarqué au concours régional de Lille, en 1863, une heureuse combinaison, à l'aide de laquelle on avait rattaché le moulin à teiller à une batteuse mécanique pour les grains. Néanmoins, comme nous l'avons déjà dit, le teillage mécanique donne généralement des produits moins soignés que le travail à la main, mais il est indispensable d'y recourir dans les grandes exploitations, là où les bras seraient insuffisants pour manier l'écang ; ce système contribue en même temps à développer la culture dans des contrées, où faute de teilleurs à la main, on ne cultivait autrefois le lin que pour la graine.

C'est ici le cas de faire ressortir les immenses services que rend notre population industrieuse, par le travail intelligent qu'elle consacre à la préparation du lin. Notre Flandre sert de modèle à tous les pays liniers qui viennent y puiser des renseignements, ou y chercher des maîtres. Au moyen-âge, nous voyons Béatrix de Gaure, comtesse de Penkembourg en Flandre, épousant un seigneur de Laval, faire venir dans sa nouvelle patrie des ouvriers flamands pour apprendre aux habitants de l'Anjou et de la Bretagne, la culture et le tissage du lin. En 1830, le grand filateur anglais, Marshall de Leeds, vient chercher chez nous toute une colonie flamande, qui va sur les bords de la Baltique, enseigner aux Russes les meilleurs méthodes de rouissage et de teillage. S'agit il de l'Algérie, c'est à Lille que le Ministre de l'Agriculture

demande des renseignements sur les moyens pratiques d'y développer la culture du lin. C'est de Lille que partent des industriels
hardis, qui vont fonder des établissements de rouissage et de teillage dans notre colonie africaine, là ou le lin poussant naturellement dans les prairies, n'a encore été utilisé que pour la graine.
Plus récemment encore, les grands propriétaires bretons ne se
contentant pas d'avoir fait venir à leurs frais, un de nos compatriotes chargé d'enseigner dans leur pays le rouissage et le teillage
du lin, s'adressent directement au comité linier du Nord, qui leur
donne d'excellentes instructions et propose des récompenses pécu-
niaires dans les concours des comices agricoles, à ceux des travailleurs bretons qui exposeront les meilleurs produits. M. Victor
Saint-Leger, l'intelligent secrétaire du comité, accompagné de
M. J. Dalle, un de nos meilleurs fabricants de lin de la Lys, se
rend en Bretagne, pour y constater par lui-même les progrès
obtenus et reçoit une véritable ovation dans cette contrée, qui sent
bien que le travail du lin peut seul lui faire retrouver les ressources
qui ont disparu avec le filage à la main. C'est ainsi que notre
Flandre, fière de ses anciens souvenirs, heureuse de sa prospérité
actuelle, n'hésiste pas à répandre partout les bienfaits d'une industrie dont Charles-Quint disait : « le pays sera toujours riche,
tant qu'on laissera aux Flamands, des terres pour cultiver le lin,
des doigts pour le filer et des bras pour le tisser. »

FILATURE.

Avant d'indiquer les procédés à l'aide desquels on convertit la
filasse du lin en fil à coudre ou à tisser, nous ferons l'historique de
la transformation et des épreuves que l'industrie du filage a eu à
subir depuis le commencement de ce siècle.

Le génie de Napoléon Ier pressentant sans doute que la filature
de coton pouvait, dans un avenir plus ou moins éloigné, priver la

France d'une de ses plus précieuses ressources industrielles et agricoles, en remplaçant la culture d'une plante indigène, par l'emploi d'un produit exotique, voulut provoquer une invention qui fît contrepoids à celle de Richard Arkwright. Dans ce but parut le 7 mai 1810, un décret impérial commençant par ces mots : « Portant un intérêt spécial aux manufactures de notre empire dont le lin est la matière première, » et promettant en récompense un million de francs à celui qui trouverait moyen de filer le lin mécaniquement. A la lecture de ce décret, un jeune ingénieur français, Philippe de Girard, se fait apporter du lin, du fil, de l'eau et une loupe ; il constate ainsi que la fibre du lin se compose de petits cylindres soudés ensemble par une sorte de gluten, qui en se dissolvant dans l'eau, permet à ces cylindres de glisser les uns sur les autres et de former à l'aide d'une torsion convenable, un fil d'une longueur indéterminée. A partir de ce moment, le principe sur lequel repose la filature du lin était trouvé, il restait à l'appliquer mécaniquement en y adaptant les inventions déjà réalisées pour la filature de coton ; c'est à quoi parvint également Philippe de Girard, car, après avoir pris son premier brevet en juillet 1810, il établit une filature rue Meslay à Paris. Les événements de 1815 n'ayant pas laissé à l'Empereur la faculté de remplir sa promesse, en même temps qu'ils amenaient la ruine presque complète de l'inventeur, celui-ci, obligé de transporter son industrie en Autriche, eut le regret de voir ses anciens associés vendre aux Anglais ses brevets d'invention et de perfectionnement qui furent exploités en Angleterre sous le nom d'Horace Hall. Depuis plus de vingt ans les ingénieurs anglais cherchaient le moyen de filer le lin à la mécanique, mais leurs essais n'ayant en vue que la filature du lin au sec et en long brin, n'avaient produit que des résultats très-imparfaits. Du moment où ils connurent le principe trouvé par Girard, que la dissolution du gluten par l'eau chaude permet, en décomposant la fibre, de la filer avec un laminage presque aussi court que celui du coton, ils n'eurent plus qu'à appliquer les procédés mécaniques en usage dans cette dernière industrie, déjà très-perfectionnée. Dès lors une lutte inégale s'engage entre le filage à la main et la filature mécanique ; nos fileuses résistent d'abord courageusement, soutenues qu'elles sont par le préjugé alors répandu, que la salive de l'ouvrière, en conservant le gluten de la fibre, donne au fil plus d'éclat et de solidité. En 1827, une maison de Lille fait venir quelques fils mécaniques à titre d'échantillon, mais ce n'est que vers 1833 que l'importation prend un caractère sérieux ; elle part à cette époque de 400,000 kilos de fil, et 3,000 kilos de toile, pour s'élever progressivement en 1842, à 11,000,000 kilos de fil et 2,000,000 kilos de toile.

Pour rester dans les limites de notre programme, nous nous bornerons à indiquer les efforts faits particulièrement dans notre pays, pour arrêter cette invasion menaçante. Parmi les plus zélés promoteurs de la filature mécanique du lin, nous citerons en première ligne la Chambre de commerce de Lille; quoique les intérêts du tissage et de la filtrie y fussent largement représentés, nous voyons, au mois d'août 1833, la Chambre consultée par le Ministre du Commerce, déclarer qu'il y a lieu de repousser la demande présentée par les retordeurs de Werwicq, tendant à faire diminuer les droits d'importation sur les fils simples; ces droits étaient alors de 14 francs les 100 kilog. pour les fils d'étoupe et de 24 francs pour les fils de lin, sans distinction de finesse. En 1837, afin d'encourager la filature d'étoupes, qui n'existait pas encore dans notre pays, on demande de supprimer la distinction précédemment établie, et de la remplacer par des catégori réglées d'après les numéros de fil. Cette proposition, vivemeı. combattue par les fabricants de fils retors, n'obtint qu'une voix de majorité en sa faveur : mais à partir de ce moment, la Chambre prenant en main la défense de la nouvelle industrie qui se créait dans notre département, ne cessa d'adresser au gouvernement des demandes nombreuses et énergiques, réclamant une protec-tion efficace. Il suffit d'ouvrir les archives de la Chambre pour trouver à chaque page des rapports faits dans ce but, et signés de noms dont notre pays s'honore à juste titre, MM. Mimerel, Kuhlmann, Demesmay, Kolb-Bernard, Delesalle-Desmedt. Tous arrivent à cette conclusion que le développement de la filature mécanique dans le Nord, peut seul y conserver la culture et le tissage du lin, et que des droits suffisamment élevés à l'importation des produits étrangers, sont nécessaires pour amener ce développement.

En effet, la première filature fondée dans notre pays par MM. Scrive frères, avec les nouvelles machines anglaises, en 1834, luttait péniblement contre l'invasion des produits étrangers; après cet établissement, s'étaient créés ceux de MM. Malo et Dickson de Dunkerque; Leblan et Cie de Pérenchies, Droulers et Agache, Robillon, Delgutte et Monchain, Vandeweghe, Gachet, Delecroix, etc. de Lille; quand nous parlons de création, il serait plus juste d'employer le mot transformation, car plusieurs des établissements que nous venons de citer étaient antérieurs à celui de MM. Scrive, mais s'étaient jusque-là contentés d'employer un matériel défectueux, construit en France sur les dessins de Ph. de Girard. En 1841, le gouvernement, cédant aux réclamations réitérées qui lui étaient adressées par toutes les branches de l'industrie linière, consentit à accorder un tarif plus élevé, qui fut encore doublé en 1842, pour tous les produits étrangers, à l'exception de ceux provenant de la Belgique; en 1845, on accorda aux fils fins, une nouvelle faveur en créant une catégorie supplémentaire pour les fils au-delà du numéro 60.

Dans l'intervalle, une décision ministérielle avait exclu du concours pour les adjudications de la marine et de l'armée, tous les produits liniers venant de l'étranger. Ces diverses mesures indiquant de la part du gouvernement, la ferme intention de protéger efficacement la nouvelle industrie, on n'hésita plus à y apporter des capitaux considérables; le département du Nord, qui comptait en 1844, quinze établissements avec 40,000 broches, possédait en 1849, cinquante filatures avec 112,000 broches, et en 1857, cent-huit filatures avec 300,000 broches, dont 80,000 dans l'intérieur de Lille, et 185,000 dans le reste de son arrondissement. Ajoutons que pendant cette période, la filature française, reprenant la lutte dans laquelle nos fileuses avaient succombé, réussissait peu à peu, à repousser l'invasion étrangère; en 1859, si on excepte 2,000,000 kilogrammes de produits liniers, qui nous arrivaient de la Belgique, grâce au tarif différentiel, l'importation avait cessé d'une façon presque absolue, aussi bien pour les fils que pour les toiles.

Parmi les causes de nature différente, qui ont contribué à amener un développement aussi rapide, nous devons mentionner la création à Lille, d'un comité linier, composé des principaux filateurs et tisserands du département du Nord; ce comité, créé en 1849, n'a cessé, depuis cette époque, de s'occuper activement de toutes les questions qui intéressaient cette industrie. Traités de commerce, lois de douane, règlements d'ouvriers, rapports commerciaux avec l'étranger, répression de la fraude, encouragements à la culture, renseignements de toute nature, rien n'a échappé aux actives investigations de ce comité, où tous les intérêts particuliers se sont fusionnés, pour représenter l'intérêt collectif et général de l'industrie linière ; le recueil de ses nombreux travaux suffirait pour constituer un ouvrage spécial, et ses archives fourniraient des documents précieux à quiconque voudrait étudier à fond l'histoire d'une de nos grandes industries. Nous nous bornerons à constater, que c'est en partie, grâce à son intelligente initiative, à la libéralité de vues et à l'esprit d'union qui caractérisent ses membres, que l'on doit l'heureux développement d'une industrie, de création encore récente, mais dont la constitution est assez robuste pour avoir supporté, sans secousse apparente, la brusque transition que le traité de 1860 a provoquée dans le système économique du pays.

Avant de dire quels ont été les résultats de ce traité, nous devons également rendre un juste hommage au comité linier de Paris, qui, sous la direction de M. Feray d'Essonnes, l'un de nos plus anciens et de nos plus habiles industriels liniers, est constamment resté sur la brèche, tant qu'il s'est agi d'obtenir une protection équitable, ou la répression d'abus nuisibles à l'industrie.

C'est grâce aux actives démarches de ses membres, MM. Milles-
camps, A. Bocquet, Fabre, Joubert, et en particulier du secrétaire
M. Korn, que nos industriels ont pu faire repousser les demandes
exagérées de l'Angleterre et obtenir l'application de droits, que
l'état actuel des choses, doit faire considérer comme suffisamment
protecteurs. En effet, malgré la réduction considérable opérée sur
l'ancien tarif, l'importation étrangère ne s'est pas augmentée;
nous avons continué à recevoir, comme avant le traité, certains
articles, spéciaux soit par la qualité, soit par le bon marché.
Bien plus, grâce à la cherté occasionnée en Angleterre sur les
tissus de lin, par la crise cotonnière, nous y avons exporté en
1863, 3,000,000 kilogrammes de fils de lin, et même quantité de
fils de jute. Est-ce à dire que la France a repris sur l'Angleterre
son ancienne supériorité dans l'industrie linière, nous ne le croyons
pas; nos conditions de production ont pu s'améliorer, mais il y
a des inégalités, en quelque sorte naturelles, qu'une sage protec-
tion peut seule équilibrer; nos filateurs de lin doivent considérer
comme momentanée, la prospérité exceptionnelle dont ils jouissent;
cette prospérité devra disparaître en partie, le jour où le coton,
ce redoutable concurrent du lin, sera rentré dans sa position
normale.

Tout en appelant de nos vœux un développement progressif,
nous ne saurions trop prémunir le pays contre un engouement non
raisonné, qui, à un moment donné, pourrait devenir fatal à tous.
Un recensement officiel fait au 31 décembre 1863, indiquait pour
le département du Nord, 129 filatures de lin, comprenant 386,000
broches, depuis lors plusieurs établissements se sont créés, un
grand nombre d'autres ont augmenté leur importance et l'on
peut sans exagération, évaluer à plus de 400,000 le nombre des
broches, qui, à la fin de cette année, fonctionneront dans notre
département. Dieu veuille que l'avenir ne nous amène pas de
nouvelles déceptions et qu'il continue à développer dans notre
pays une industrie aussi précieuse pour la culture que pour le
travail manufacturier.

Notre intention n'est pas d'entrer dans les détails techniques de la filature mécanique ; il y a sur ce sujet, des ouvrages spéciaux et très-complets, auxquels nous renvoyons nos lecteurs; nous leur recommandons en particulier le traité de filature de M. Alkan, professeur au Conservatoire des Arts et Métiers, celui de M. Ancellin de Lille, et un petit livre très-pratique, traduit de l'anglais par M. A. Scrive. On y trouvera avec la description des diverses machines, les moyens de les régler, suivant les matières employées; quant à nous, nous nous bornerons à indiquer succinctement les diverses opérations du filage.

La paille de lin, teillée soit à la main, soit à la machine, donne plusieurs natures de produits ; il y a d'abord la partie ligneuse ou chenevotte, qui sert de combustible ; soit qu'on l'emploie seule, soit qu'on la mélange avec du goudron et de la poussière de charbon pour en former des briquettes. Viennent ensuite les émouchures, composées de fibres encore chargées de chenevotte, et qui par suite ne peuvent servir qu'à la fabrication des fils communs. Elles sont généralement filées à la main, dans les campagnes, et tissées pour toile d'emballage. Cependant depuis quelques années, il s'est monté plusieurs filatures pour gros numéros, qui, à l'aide d'un cardage préparatoire sur une briseuse, sont parvenues à tirer très-bon parti de ces émouchures, qu'elles filent au mouillé, jusqu'au numéro 20. Enfin, lors du pliage de la filasse en bottes, il se détache encore des fibres, bien teillées, mais plus courtes, désignées sous le nom d'arrachures, que l'on peigne pour en retirer le lin, ou que l'on carde légèrement pour les mélanger ensuite aux étoupes ordinaires. Après avoir subi ces divers déchets, la filasse se trouve formée en bottes, pesant généralement 1 kilog. 40, dont le prix se règle sur les marchés à tant la botte, et que le commerce revend ensuite à la filature, à raison des 100 kilog. Cette matière que l'on désigne sous le nom de lin brut, est destinée à des emplois différents, suivant la couleur, la force et la finesse des fibres, leur longueur et leur propreté. Le lin de chaque localité prend dès lors un cachet particulier ; si

l'on tient surtout à la force, comme pour les fils à coudre, on
emploie des lins de Bergues ou de Courtrai ; si l'on veut obtenir
des numéros élevés, on a recours au lin vert de la Lys, pour les
fils mouillés ; au lin d'Archangel, pour les fils secs. S'agit-il de
produire des fils de trame, pour lesquels la force n'est qu'une
qualité secondaire, on se contente de lin roui à terre, comme en
produisent la Picardie, la Mayenne et le pays Wallon. C'est au
choix de ces diverses natures de lin, et surtout à leur mélange
habilement combiné, que le filateur doit apporter toute son attention ; sous ce rapport, les Anglais nous ont été longtemps supérieurs ; et ce n'est que depuis que nos filatures ont renoncé à filer
exclusivement le lin de leur localité, qu'elles ont progressé et lutté
avantageusement contre la concurrence étrangère. Ce fait explique
ce que nous avons dit plus haut, que notre culture a vu sa prospérité renaître, à mesure que l'importation des lins étrangers, en
facilitant les mélanges, a permis à nos filatures de produire bien
et à bon marché. Les lins, une fois triés et assortis suivant l'usage
auquel on les destine, sont soumis au peignage, opération qui a
pour but de diviser les fibres et d'en détacher les parties plus
courtes et moins bien teillées. De là deux sortes de produits, les
fibres qui ont conservé leur longueur, qu'on désigne sous le nom
de lin peigné, et les plus courtes, que l'on appelle étoupes ; la
seule différence importante qui existe dans la filature de ces deux
matières, c'est que le lin peigné est simplement placé sur une
machine dite étaleuse, qui le forme en ruban, tandis que l'étoupe
est soumise à un cardage, qui divise et nettoie les fibres, en même
temps qu'il rétablit leur parallélisme. Ces rubans réunis et laminés
sur deux ou trois étirages, sont convertis sur le banc-à-broches,
en bobines, que l'on place derrière le métier à filer ; suivant que
ces bobines se dévident ou non, à travers un bac d'eau chauffée à
la vapeur, le fil qu'elles produisent se désigne sous le nom de fil
sec ou de fil mouillé. Ce fil dévidé, séché et paqueté se classe,
suivant sa finesse ; le numéro en est déterminé par le nombre
d'échevettes de 270 mètres, contenues dans une livre anglaise

(0 kilog. 453); c'est dire assez que le dévidage actuel, conservant son origine anglaise, n'est pas encore réglé d'après le système métrique.

Après avoir ainsi indiqué en quelques lignes, les diverses opérations de la filature, reprenons l'historique de leurs transformations et des progrès qui s'y sont introduits.

On retrouverait difficilement aujourd'hui les traces des machines sur lesquelles s'était faite vers l'an 1830, l'application de la découverte de Ph. de Girard : ces machines construites en grande partie en bois, ont complètement disparu ; nous en avons vu, il y a vingt ans, un spécimen très-curieux dans la filature de M. Gachet, à Lille. L'étalage se faisait au moyen d'un énorme tambour garni de pointes, lequel en tournant se chargeait de lin peigné, comme cela a lieu dans les cardes à étoupes ; on en détachait ensuite une nappe que l'on portait à l'étaleuse. Cette étaleuse était garnie de barettes mobiles, reliées à leurs extrémités par des chaînes sans fin qu'entraînait un mouvement en forme d'ellipse ; c'est ce qui constituait le système à chaînes, dont l'un des principaux inconvénients était l'impossibilité d'approcher les barettes du cylindre étireur. Les étirages, composés aujourd'hui de trois têtes de huit rubans, ne contenaient alors qu'une tête et deux rubans ; les bancs à broches ne comptaient que quatre ou huit broches, mues par des cordes ; quant aux métiers à filer ils portaient trente ou quarante broches, qui, au lieu d'être placées verticalement, se trouvaient inclinées suivant un angle de 45 degrés.

Les machines qui nous vinrent d'Angleterre vers l'an 1835, étaient déjà bien supérieures au matériel défectueux que nous venons d'indiquer, mais elles avaient encore l'inconvénient de nécessiter une main-d'œuvre exagérée, par la présence d'une ouvrière, à chaque machine de peu d'importance. C'est à faire disparaître cet obstacle, que se sont attachés les divers constructeurs, tant en France qu'en Angleterre, grâce à l'application du mouvement différentiel, du plateau de friction et du système à cônes renversés, perfectionnements qui nous viennent de la filature de coton ; les bancs à broches contiennent aujourd'hui, 60 broches, dirigées par une seule ouvrière. La longueur des nouvelles machines à canneler et à raboter a permis également de faire des métiers à filer, dont le nombre de. broches s'élève jusqu'à 240, pour les Nos fins ; si nous ajoutons, qu'on est arrivé à donner à ces broches une vitesse de trois à quatre mille tours par minute, on reconnaîtra que le rouet de la fileuse est irrévocablement condamné.

Après le système à chaines, dont nous avons parlé plus haut, est venu le système à vis, inventé par P. Fairbairn, de Leeds, en même temps que pour les étoupes courtes, le hérisson emprunté à la filature de laine, remplaçait l'ancien mouvement circulaire qui entraînait les barrettes dans une coulisse, s'abaissant à l'approche du cylindre étireur. Un des perfectionnements les plus importants pour la filature a été produit par les machines au lin coupé, introduites chez nous en 1843 ; ce système permet de filer séparément le milieu et les extrémités du lin, et facilite ainsi la production des Nos fins. La construction des cardes circulaires à trois peigneurs, qui date de la même époque, n'a pas été moins utile à la filature d'étoupes, qui est arrivée à donner des produits presque similaires au lin. Ces deux inventions, ayant été appliquées au moment même où l'Angleterre autorisait la libre sortie des machines, il en résulta qu'elles furent immédiatement adoptées en France, et que les établissements montés à cette époque, n'eurent pas, comme leurs prédécesseurs, à renouveler plusieurs fois leur matériel. Nous en excepterons toutefois les machines à peigner, qui ont subi des transformations nombreuses, et dont le système varie encore suivant chaque constructeur ; notre intention n'est pas d'examiner ces différents systèmes, nous nous bornerons à dire que plusieurs donnent d'excellents résultats pour le peignage du lin coupé; quant au lin long, nous pensons que le peignage à la main est encore préférable, dans les usines dont l'importance ou le manque de bras ne rend pas l'emploi des machines indispensable.

Un de nos compatriotes qui possède un établissement important à Tournai, M. Boucher, a tout récemment appliqué dans son usine

un procédé nouveau par lequel il remplace l'effet produit par l'eau
chaude sur le lin, par une immersion, dans l'eau froide, des bobines
de préparation. Ce système expérimenté dans plusieurs filatures de
nos environs, ne paraît pas y rencontrer beaucoup d'adhésion ; il
en est de même d'un système analogue, dans lequel, l'eau froide
est remplacée par un séjour plus ou moins prolongé des bobines,
dans un bain de vapeur, comme cela se pratique pour les fils
retors en coton. Ces deux systèmes ont le même avantage au point
de vue hygiénique et économique, la suppression de l'eau chaude ;
par contre, ils ont le même défaut, qui consiste dans une dissolution
ou plutôt une fermentation inégale de la matière, laquelle amène
dans le fil des portions plus ou moins fortes et des bigarrures de
couleur. Notre observation ne saurait s'appliquer au banc à broches
à vapeur généralement employé pour la préparation des fins numéros ; quoique le lin y passe également dans l'eau froide, la fermentation est immédiatement arrêtée par le frottement du fil sur
un cylindre chauffé à vapeur ; dans ce cas, la dissolution momentanée du gluten ne fait que suppléer à la torsion.

En finissant notre étude sur la filature, nous parlerons comme
annexes de quelques produits exotiques qui s'y travaillent, soit
seuls, soit mélangés au lin. Le plus important est le jute ou phor-
mium tenax ; ce produit, qui nous vient des Indes, se file sur les
mêmes machines que le lin ; il se prépare de la même manière, avec
cette seule différence qu'avant le peignage, on le dispose en couches
superposées, qu'on arrose légèrement avec de l'huile de poisson
étendue d'eau. Un séjour de 24 à 48 heures, sous une certaine
pression, suffit pour déterminer une fermentation qui facilite l'éti-
rage des fibres, que l'on file au sec, soit en long brin, soit en
étoupes. On obtient ainsi un fil brillant, souple et fort, mais qui
ne peut supporter le contact de l'eau ; parfois on mélange le jute
aux étoupes de lin, mais alors, c'est au détriment du tissu dans
lequel sa présence ne peut manquer de se trahir à l'emploi. Outre
l'importante usine de M. Dickson et Cie qui exporte une grande
quantité de jute filé et tissé, notre département possède plusieurs
autres filatures de jute, qui depuis la suppression du droit d'entrée

sur la matière première, ont pu lutter avantageusement contre les produits étrangers.

Nos filateurs se sont également occupés d'un autre produit textile, désigné sous le nom d'herbe de Chine (chinese grass) : des chimistes de Lille, MM. Bonneau et Mallart ont réussi à préparer ce filament qui depuis vingt ans n'était travaillé que par M. Marshal de Leeds ; mais nous pensons qu'à raison de la cherté de cette préparation, ce nouveau produit devra plutôt trouver sa place dans l'industrie de la soie ou de la laine que dans celle du lin.

Hygiène. — Avant d'arriver aux autres transformations du lin, nous devons aborder un des côtés importants du programme, qui nous est tracé, et parler de la filature mécanique, au point de vue hygiénique. Sous ce rapport, il n'y a aucune comparaison à établir avec le filage à la main ; certes quand la femme filait au rouet, au coin du foyer pendant l'hiver, ou à la quenouille, en gardant le troupeau, pendant l'été, les conditions de salubrité ne laissaient rien à désirer. En est-il de même dans les établissements actuels? Nous n'oserions l'affirmer; cependant nous croyons que le public tombe dans une singulière exagération, quand il suppose que notre population ouvrière s'étiole dans l'air malsain des manufactures. La propreté, la sobriété et quelques soins préventifs suffisent pour que les travailleurs trouvent dans un travail modéré de douze heures pour les adultes, et de huit heures pour les enfants, une occasion d'entretenir et de développer leurs forces physiques, sans pour cela s'exposer à des excès de fatigue.

Prenons pour exemple le peigneur à la main : sa besogne est sans contredit la partie la plus fatigante du travail manufacturier ; mais si, au lieu de consacrer à la consommation des spiritueux une grande partie de son salaire, l'ouvrier buvait de la bière en quantité modérée, ou mieux encore du lait, on verrait disparaître les cas assez nombreux d'asthmes et de phthysie. Ce résultat a été obtenu en partie dans la Grande-Bretagne, par la fondation des sociétés de tempérance, qui comptent parmi leurs membres, presque tous les ouvriers peigneurs. Chez nous, la tentation est d'autant plus forte, que cette catégorie d'ouvriers touche des salaires élevés, qui permettent de chercher dans des boissons alcooliques un remède momentané, mais dangereux, à l'altération que produit l'absorption de la poussière de lin. Nous devons dire en passant que cette poussière est, d'après notre expérience personnelle, moins nuisible à la santé que celle du coton; nous ignorons si cette différence provient de la composition ou du plus ou moins de ténuité des molécules en suspension dans l'air, mais elle a pu être constatée par tous ceux qui sont en rapport avec les deux industries. Toujours est-il nécessaire d'établir un courant d'air, qui enlève ces poussières le plus possible, soit en plaçant devant chaque peigneur un chassis à bascule, qui reste ouvert même pendant la pluie, soit en surmontant les ateliers de peignage mécanique, de cheminées d'appel. La même précaution est indispensable dans la carderie, où la poussière se trouve également concentrée; cet atelier exposé à des incendies fréquents est placé généralement dans des caves voûtées, et il est parfois difficile d'y établir un courant d'air actif. Pour y arriver, quelques industriels surmontent les cardes de vastes entonnoirs en tôle, aboutissant par un large conduit à l'air extérieur; on obtient encore un meilleur résultat, au moyen d'un volant, mû par la machine, et qui forme le vide dans le tuyau d'aspiration. Les ateliers de préparation offrent le même inconvénient, mais à un degré bien moindre que ceux du peignage et de la carderie; il suffit d'ouvrir la partie supérieure des châssis à bascule, pour faire disparaître les matières suspendues dans l'air. Il en est de même pour les métiers à filer au sec; mais si nous arrivons aux métiers à filer au mouillé, le danger change de nature : la poussière a disparu pour faire place à un air humide, concentré, chargé de miasmes plus ou moins délétères, produits par la fermentation du lin, le chauffage des bacs à la vapeur, le frottement des corps gras, etc. C'est cette atmosphère malsaine qu'il importe d'assainir, par une bonne ventilation; en été, rien de plus facile; mais en hiver, un courant d'air froid arrête la décomposition du lin, et nuit ainsi à l'opération du filage; d'un autre côté, cet air extérieur forme avec l'air chaud et humide de l'intérieur, une sorte de condensation, qui attaque la charpente des bâtiments, en même temps qu'elle provoque chez les ouvrières légèrement vêtues, des refroidissements dangereux. Nous pensons qu'il convient, dans ce cas, d'établir comme cela se pratique en Angleterre, dans la partie supérieure des châssis, des ventilateurs ronds en fer blanc, qui amènent insensiblement le renouvellement de l'air sans refroidissement. Il faut en outre profiter de la nuit pour obtenir un renouvellement complet, sauf à revenir le matin, à la témpérarure ordinaire, à l'aide d'un tuyau de vapeur indépendant du chauffage des bacs. Nous recommanderons encore une précaution très-utile, c'est d'organiser au dehors de chaque atelier à filer au mouillé, un vestiaire où les ouvrières déposent une partie de leurs habits. On sait que la bobine, dans son mouvement de rotation, lance une certaine quantité d'eau qui pénètre les vêtements de la fileuse, ou se répand sur le sol; à l'aide de chaussures en bois et d'un grand tablier en forte toile, l'ouvrière se protége contre cette humidité, mais il n'en est pas de même pour ses vêtements, si elle les laisse suspendus dans une atmosphère chargée de vapeur humide; l'hiver, à la sortie de l'atelier, cette humidité devient glaciale et engendre des douleurs rhumatismales ou des congestions pulmonaires. Il existe encore dans des filatures au mouillé un autre inconvénient, mais moins grave, amené par la décomposition du gluten, dans certaines natures de lin; l'eau chaude des bacs se charge de matières en fermentation, qui attaquent la peau des bras et des mains et occasionnent des démangeaisons douloureuses; quand l'huile d'olive ne suffit pas pour les faire disparaître, il faut avoir recours à une pommade sulfureuse. Il y a certains autres lins, tels que ceux d'Egypte, qui à la filature, dégagent une forte odeur de fermentation putride; cette odeur annonce la présence dans l'atmosphère de miasmes dangereux dont il est utile de combattre l'effet, soit par des solutions de chlorure de chaux, soit en donnant aux ouvriers des purgatifs, comme le sel de Glauber que l'on fait prendre périodiquement à ceux qui travaillent dans les rouissages à vapeur.

Les ateliers de dévidage, de sécharge et de paquetage ne présentent généralement aucun danger pour la santé; cependant en ce qui concerne les ouvriers des séchoirs, nous les engageons à toujours porter de la flanelle, pour éviter le contraste du chaud et du froid, quand ils ont à passer fréquemment du séchoir à vapeur au séchoir à l'air; c'est une recommandation qui s'applique à toutes les personnes, qu'une besogne de surveillance oblige à parcourir les divers ateliers de filature où la température est si différente.

Nous ne parlons pas ici des accidents qui peuvent arriver aux ouvriers des filatures; l'application de la loi qui régit cette matière suffit pour que tous les industriels s'efforcent le plus possible de les éviter; s'ils arrivent encore trop souvent, ils résultent presque toujours de la négligence de l'ouvrière ou de la désobéissance au règlement, qui défend le nettoyage des machines pendant leur marche. Mais, dans ce même ordre d'idées, nous signalerons une précaution qui est négligée dans la plupart de nos établissements; en Angleterre, les bâtiments à plusieurs étages, sont flanqués d'un escalier extérieur en pierre, qui, en cas d'incendie, permet aux travailleurs de descendre sans danger; quand cet escalier n'existe pas, on y supplée par des échelles en fer, scellées sur les façades et communiquant avec les ateliers par des châssis à ouvrir. En France, ces précautions n'ont été prises que dans très-peu d'établissements, et il ne faudrait pas attendre pour les appliquer, qu'un incendie, faisant rapidement disparaître l'escalier en bois des étages inférieurs, ne laissât aux ouvriers aucun moyen de sauvetage. L'escalier présente en outre cet avantage, qu'on peut à chaque étage annexer des lieux d'aisance bien aérés et éloigner ainsi de l'atelier, un foyer d'émanations insalubres. Comme précaution contre l'incendie, nous indiquerons aussi l'établissement dans chaque atelier de robinets de vapeur, qui en remplaçant l'oxygène de l'air par l'hydrogène de l'eau rendent toute combustion impossible, dans un local fermé; l'effet de ces robinets est immédiat, et nous avons vu l'incendie d'un séchoir arrêté subitement, en soulevant la soupape d'un générateur.

Quant au recrutement des travailleurs, il s'opère tout naturellement d'après l'âge et la force nécessaire aux divers emplois; les enfants commencent d'ordinaire par soigner les machines à peigner; ils deviennent ensuite repasseurs de lin peigné, puis dégrossisseurs de lin brut et enfin peigneurs; au point de vue du développement physique, ils ne devraient pas travailler au peigne avant quatorze ans, sans toutefois dépasser cet âge. Quand aux femmes, elles débutent vers l'âge de douze ans, en démontant les bobines des métiers à filer pour devenir ensuite rattacheuses ou fileuses; une fois mariées, elles préfèrent généralement être dévideuses ou soigneuses de préparations, ce travail étant moins fatigant que celui de la fileuse. Relativement au travail des jeunes enfants, nous ne pouvons qu'approuver la pétition adressée au Sénat tout récemment, demandant la création d'inspecteurs généraux qui, à l'exemple de ce qui se passe en Angleterre, s'assureraient que la loi de 1841 est exactement observée dans tout le pays; ces inspections, utiles surtout pour la surveillance des usines disséminées dans les campagnes, fourniraient en même temps des renseignements précieux pour la statistique de l'industrie.

Au point de vue moral, nous devons faire observer qu'il est très-peu d'ateliers où les deux sexes se trouvent réunis, et lorsqu'il en est ainsi, une surveillance active veille au maintien des bonnes mœurs; que ne pouvons-nous en dire autant pour la sortie de l'atelier! mais ceci rentre dans un ordre de considérations que nous n'avons pas à aborder. Qu'il suffise en passant de faire remarquer, que la nouvelle loi sur les coalitions a mis entre les mains des ouvriers de filature, une arme aussi dangereuse pour eux que pour les patrons; nous rappellerons à ce sujet que certaines villes manufacturières, comme celle de Dublin par exemple, ont vu s'évanouir toute leur prospérité industrielle par suite de grèves, imprudemment et injustement formées. Déjà nos peigneurs de lin ont constaté les fâcheux résultats de ces coalitions plus ou moins

tolérées; chaque fois que par des demandes exagérées, ils ont cher-
ché à entraver la marche d'un établissement, on les a remplacés par
des machines qui ont amené dans leur salaire une diminution pro-
gressive; c'est également ce qui arriverait aux autres travailleurs,
si méconnaissant ce principe que la loi de l'offre et de la demande
peut seule régler la quotité des salaires, ils cherchaient à imposer
aux patrons des exigences non justifiées.

TISSAGE.

Nous voici arrivés aux dernières transformations du produit
linier, et puisque nous traitons de la question hygiénique, hâtons-
nous de dire qu'ici du moins, la concentration par la vapeur des
forces industrielles, a eu un heureux résultat sur le physique de
l'ouvrier, non seulement en ménageant ses forces, mais en le
transportant dans des ateliers vastes, aérés, bien éclairés, pré-
férables en tous points au taudis malsain dans lequel le tisserand
à la main se livre d'ordinaire au travail. Un séjour prolongé dans
un local humide, où l'ouvrier courbé sur son métier ne laisse entrer
de lumière que ce qui est absolument nécessaire pour le travail,
occasionne des ophthalmies fréquentes et des maladies de poitrine
rapidement aggravées par un mouvement continu des bras. Avec
le tissage mécanique, ces inconvénients disparaissent; mais
comme si le mal devait toujours se trouver à côté du bien, là où
la santé gagne, la moralité perd. Au travail auquel le père de
famille se livrait dans la chaumière, avec l'aide de sa femme et de
ses enfants, vient se substituer le travail manufacturier, qui par
les séductions de la ville, et l'appât d'un salaire plus élevé, provoque dans nos campagnes une émigration regrettable à tous
égards. Heureusement un assez grand nombre d'établissements,
aussi bien en filature qu'en tissage mécanique, se sont créés dans
des localités rurales et ont ainsi évité le déplacement des familles;

mais ils n'en privent pas moins l'agriculture, du concours précieux qu'elle trouvait à certaines époques de l'année, dans les ouvriers du filage et du tissage à la main. Quoi qu'il en soit, cette rareté des travailleurs a amené dans toutes nos contrées un enchérissement de salaires, et par suite pour notre population ouvrière, une prospérité relative, que bien des pays pourraient lui envier, surtout si, comme nous l'espérons, l'esprit d'ordre et d'économie vient enfin lui donner un peu de cette prévoyance qui lui fait si souvent défaut.

L'historique du tissage se trouve déjà tracé par celui que nous avons fait de la culture et de la filature du lin. Depuis une époque très-reculée, les toiles de Flandre jouissaient d'une réputation universelle, tant sous le rapport de la matière, que pour la régularité des tissus et leur force après le blanchîment. La fabrication comprenait toute espèce de produits, depuis les toiles les plus grossières destinées à l'emballage, jusqu'aux plus fines batistes ; en outre, certains genres spéciaux s'y fabriquaient d'une manière presque exclusive, comme celui des serviettes damassées dont la fabrication fut introduite à Audenarde (Belgique), en 1645, par des ouvriers lillois. Les eaux de la Lys et l'humidité des nombreuses prairies qui la bordent, permettaient de donner à nos produits liniers une blancheur qui n'avait pour rival que le blanc de Harlem.

Grâce à l'habileté de nos tisserands, la Flandre achetait des quantités considérables de fils à la main, provenant des autres provinces, pour les convertir en tissus de tout genre ; mais la filature mécanique, en mettant le tisserand anglais à même de se procurer sa matière première à meilleur marché, vint nous enlever une supériorité si longtemps incontestée ; ce n'est que par une série de mesures restrictives, que nous avons déjà mentionnées à propos des fils, que l'on parvint, en 1847, à réduire à 71,000 kilos une importation de toiles anglaises qui, dans la période de 1830 à 1842, s'était élevée de 1,800 à 1,825,000 kilos. Depuis cette époque jusqu'en 1860, l'importation resta à peu près stationnaire ; mais à partir du nouveau régime qui abaissait à 15 p. 100 de la valeur, la quotité du droit sur les produits belges et anglais, l'importation reprit sa marche ascendante; toutefois ses progrès ne tardèrent pas à être arrêtés par l'effet de la crise cotonnière qui produisit pour les tissus de lin une demande telle, que l'Angleterre dut, à son tour, venir s'approvisionner sur le marché français. Ceci explique comment, tout en nous expédiant, en 1863, environ 400,000 kilos de toiles de différents genres, l'Angleterre a dû en acheter chez nous environ 500,000 kilos. L'élévation subite des cours est venue surprendre les manufacturiers anglais et belges, et leur insuffisance momentanée à subvenir à de nombreuses demandes, nous a permis de reconquérir sur les marchés étrangers, une partie de notre ancienne position. Aussi, notre exportation de tissus de lin, qui était remontée, en 1862, à 2,000,000 kilos, et, en 1863, à 2,850,000 kilos, dépassera-t-elle probablement, à la fin de cette année, le chiffre de 3,000,000 kilos.

Les diverses opérations nécessaires pour convertir le fil en toile, consistent dans le bobinage, le tramage, l'ourdissage, le parage et le tissage proprement dit. Le fil reçu de la filature en paquets de 25, 50 et 100 écheveaux, suivant les numéros, est d'abord mis à l'eau, ou lessivé avec de la soude, ou crêmé au chlore, selon le genre de toile auquel il est destiné. On transforme ensuite les écheveaux en grosses bobines qui servent à ourdir la chaîne ou en petites canettes qui se placent dans la navette pour former la trame. L'ourdissoir est destiné à réunir, sur un rouleau, un nombre de bobines égal à celui des fils qui composent la chaine; ce nombre varie suivant la finesse et la largeur de la toile, que des progrès récents ont fait arriver jusqu'à 2 mètres 60 c., aussi bien pour les toiles à la main que pour le tissage mécanique. Dans ce dernier système, le bobinage, l'ourdissage et le tissage se font sur des métiers mûs par la vapeur; il en est de même du parage, opération qui consiste à revêtir les fils de chaîne d'un certain apprêt; dans le tissage à la main, ce travail est fait par l'ouvrier à l'aide d'une brosse qu'il promène sur la chaîne, à mesure que celle-ci se déroule; dans le tissage mécanique, le même résultat est produit

; par une machine dite pareuse qui entraîne le fil à travers un bac rempli de colle et de fécule, et le sèche immédiatement après. Quant au métier à tisser, il ne diffère dans les deux systèmes que par une solidité plus grande donnée au métier mécanique, ce qui permet de lui imprimer une marche plus rapide et d'obtenir, dans le même espace de temps, une quantité de produit double ou triple, suivant les genres. La toile à la mécanique présente un aspect plus régulier que celle à la main, mais le prix de revient en est au moins aussi élevé par suite des frais généraux qu'entraîne l'établissement des machines. Nous pensons néanmoins que pour les gros tissus, comme ceux employés dans la voilure des navires, ainsi que pour les tissus de moyenne finesse, dits toile de ménage, non-seulement le tissage mécanique supplantera le travail à la main, mais qu'il s'opèrera, dans notre pays, une transformation qui a déjà été réalisée en Ecosse et en Irlande ; nous voulons parler de la réunion dans les mêmes mains des opérations de la filature, du tissage et même du blanchîment. Cette concentration n'a pas seulement pour effet d'accumuler les bénéfices propres à chacune de ces industries ; elle a pour but, tout en procurant quelques économies de manutention, de supprimer les commissions des intermédiaires, et surtout de faire que le tisserand et le blanchisseur connaissent exactement la nature de la matière première soumise à leur travail. Ces motifs expliquent la prospérité dont jouissent les maisons Dickson et C\ie, de Dunkerque ; Colombier-Batteur, de Lille ; Mahieu-Delangre, d'Armentières; ils justifieront suffisamment la tendance qui porte nos principaux filateurs de lin à monter des tissages mécaniques, en même temps que nous voyons les tisserands, de leur côté, devenir filateurs. Il y a dans le mouvement que nous signalons un progrès réel au point de vue économique, et un débouché plus facile assuré aux produits de l'industrie linière.

Nous ne passerons pas en revue les produits si variés du tissage du Nord, qui comprennent tous les genres, depuis l'extrême bon marché jusqu'aux tissus du plus grand prix. Les grosses toiles se fabriquent dans les campagnes et dans les tissages mécaniques ; celles de moyenne finesse sont principalement tissées à Armentières ; les plus fines à Halluin ; les coutils à Lille et à Roubaix, les batistes et linons dans les environs de Cambrai. Nous avons, en outre, pour la fabrication du linge de table plusieurs établissements dont le plus important est celui de M. J. Casse, de Lille ; on y installe en ce moment une nouvelle fabrication jusqu'ici appliquée aux tissus de laine ; c'est celle des métiers à la Jacquart, mûs par la vapeur. Le tissage mécanique comptait, au 31 décembre 1863, dans le département du Nord, 36 établissements avec 2,768 métiers ; sur ce nombre, l'arrondissement de Lille en comprend, à lui seul, 2,203 ; c'est principalement la ville d'Armentières qui a contribué au développement du tissage, et surtout du tissage mécanique ; nous devons cependant constater, que ses fabricants s'étaient laissés devancer dans la nouvelle voie, par MM. Scrive et Dansette, de Lille, ainsi que par M. Dickson, de Dunkerque, qui, en 1852, produisait déjà annuellement 900,000 mètres de toiles à voile. Les arrondissements de Cambrai et de Valenciennes ont conservé, en quelque sorte, le monopole des tissus extra-fins qu'ils fabriquent, soit avec des fils mécaniques d'Irlande, soit avec des fils de mulquinerie, filés à la main avec des lins connus dans le pays sous le nom de lins ramés : la supériorité de ces produits leur a assuré en tout temps un placement facile, même en Angleterre.

Comme produits de luxe, nous mentionnerons les belles dentelles de lin, désignées sous le nom de guipures, qui se fabriquaient autrefois à Lille, et dans les environs ; il y a trente ans, un grand nombre d'ouvrières, jeunes et vieilles, courbées sur leurs carreaux de dentellière, trouvaient dans le maniement de leurs légers fuseaux, un salaire très-rémunérateur ; mais depuis que la mode a adopté les dentelles de soie, et que le coton est venu imiter le lin pour les produits plus communs, l'industrie dont nous parlons a disparu, et on n'en trouve plus de vestiges que dans quelques hospices de Lille.

Nous citerons aussi en passant la passementerie de lin, qui se fabrique à Lille, et la rubannerie de fil dont s'occupe spécialement la ville de Comines ; au lieu de tisser les rubans isolément comme autrefois, la mécanique est arrivée à en produire simultanément un grand nombre sur le même métier. La maison qui a fait faire le plus de progrès à cette industrie est celle de M. Catteau-Lauwick, qui, en 1827, importa d'Angleterre la machine à calandrer les rubans.

Les tissus de lin se vendent généralement blancs ou écrus ; cependant la plupart des toiles destinées à la confection des sarraux, reçoivent une teinture bleue ; cette opération alimente dans notre pays des établissements importants : outre le lessivage, la teinture et le séchage qui exigent de nombreuses manutentions, la toile subit généralement un calandrage, opération qui a pour but, à l'aide d'une forte pression, de donner au tissu une sorte d'apprêt, qui le rend lisse, brillant et d'un aspect plus favorable à la vente.

Pour continuer la nomenclature des industries qui se rattachent à celle du lin, nous citerons celle de la confection, qui comprend tous les vêtements de toiles et surtout les sarraux ; ce travail, outre les nombreux salaires qu'il répand, offre cet avantage, qu'il peut être confié au dehors à des ouvrières, qui s'en occupent concurremment avec les soins du ménage ; mais ici encore, la machine tend à remplacer la main de l'ouvrière isolée, et l'emploi de plus en plus répandu, des couseuses mécaniques, nécessitant une plus grande surveillance, amènera la concentration des ouvrières dans les ateliers de confection.

Filterie. — Il y a une industrie qui mérite une mention spéciale, tant au point de vue de son ancienneté que de son importance actuelle, c'est la fabrication des fils à coudre ; cette industrie, localisée dans Lille, depuis un temps immémorial, y a toujours été une des principales sources de prospérité ; non-seulement elle alimentait presque exclusivement le marché français, mais elle exportait ses produits dans toute l'Europe. Cette supériorité provenait de la qualité de nos lins, de l'habileté de nos fileuses, et du soin que l'ouvrier filtier apportait dans toutes les manutentions destinées à séduire l'acheteur. Grâce à ces conditions qui leur assuraient une sorte de monopole, les maisons de Lille purent se contenter longtemps de suivre les mêmes errements que leurs prédécesseurs, et cette industrie fut la dernière à faire appel aux améliorations introduites par la mécanique moderne.

Les écheveaux de fil simple, placés sur des ailes tournantes sont dévidés et réunis à la main sur des bobines que l'on porte au métier à retordre, lequel à raison de sa forme et de sa marche, se désigne sous le nom de moulin : après un premier retordage, le fil est passé à l'eau, bobiné de nouveau et retors une seconde fois. Le fil assoupli par le battage, est soumis à l'action de deux ustensiles en bois, la cheville et l'étrique, qui servent à l'allonger et à lui donner du brillant ; après avoir reçu soit une teinture, soit un blanchiment, le fil retors est disposé en petites bottes, et enveloppé d'une étiquette, portant la marque de la fabrique et le nombre de tours par échevette ; le luxe et la variété de ces étiquettes fournissent aux imprimeries de Lille un aliment considérable.

Les diverses opérations que nous venons d'indiquer, étaient faites il y a vingt ans, uniquement par la main de l'ouvrier ; il en est encore de même dans quelques établissements de second ordre, mais presque tous les autres ont successivement adopté des machines qui permettent de faire mécaniquement le bobinage, le retordage, le battage, et même le chevillage et l'étriquage. On a également remplacé pour beaucoup d'articles, le pliage en écheveaux, par un bobinage qui se fait au rouet sur de petites bobines ou pelottes, à l'instar de ce qui se pratique pour les fils à coudre en coton. Quant au moulin, il a longtemps résisté, grâce au préjugé soutenu par les anciens fabricants, que pour obtenir une torsion convenable, il était nécessaire d'opérer le retordage en deux fois et sur une grande longueur de fil ; depuis, on a reconnu qu'une condition beaucoup plus essentielle pour arriver à ce résultat, consistait dans une vitesse régulière des broches, que peut seul donner le métier continu.

Quoi qu'il en soit, les filtiers, à leur tour, se sont mis au niveau du progrès ; quelques uns ont annexé une filature à la retorderie, mais à raison de la grande variété des produits à fabriquer, la réunion des deux industries n'est possible que pour les maisons les plus importantes; d'autres, appliquant les nouvelles machines, ont installé des usines mues par la vapeur, et ont ainsi fait disparaître ces ateliers insalubres, établis dans les étages supérieurs des habitations, où l'ouvrier souffrait alternativement des chaleurs de l'été et des grands froids de l'hiver. Nous sommes loin de partager l'idée assez communément répandue que les travaux de la filterie, tels qu'ils se faisaient autrefois, avaient pour résultat d'estropier les jeunes ouvriers qu'on y employait : le nombre des boiteux et bossus qu'on remarquait parmi les filtiers, tenait surtout à ce qu'on les recrutait parmi les ouvriers qu'une défectuosité quelconque condamnait à un travail sédentaire et peu fatigant. Néanmoins, il faut considérer comme un progrès réel, au point de vue hygiénique, la création de vastes ateliers, bien chauffés, bien aérés, où les nouvelles machines exigent, de la part des travailleurs, plus de surveillance que de fatigue. Ce progrès a été la conséquence indirecte du fâcheux effet produit sur cette industrie, par la grève de 1848; à cette époque, les ouvriers ayant exigé des patrons des salaires exagérés, il en résulta qu'une grande partie du travail fut confié aux retordeurs de Werwick et Comines. Depuis lors les industriels lillois, reconnaissant combien il était difficile de surveiller une manutention opérée en dehors de leurs ateliers, se sont décidés à monter des métiers continus, qui, en exigeant moins de bras pour la même quantité de produits, permettent d'accorder aux travailleurs des salaires plus élevés. Nous présentons cette observation, comme corollaire de celle que nous avons faite sur la nouvelle loi contre les coalitions, en faisant remarquer, que des exigences non justifiées, de la part de l'ouvrier, ont toujours pour résultat définitif de faire remplacer le travail de l'homme par celui de la machine.

Blanchissage. — Avant de terminer cet aperçu des diverses branches de l'industrie linière, nous parlerons du blanchissage. Nous avons déjà fait allusion à la supériorité reconnue dont nos blanchisseries de toiles ont joui depuis longtemps ; cette supériorité, due à la nature de certaines eaux et à l'humidité de notre climat, nous a permis de lutter contre les Hollandais pour le blanc de Harlem, et contre les Belges pour le blanc de Courtrai. Ce dernier, désigné sous le nom de blanc de lait, parce que la toile séjournait dans un bain de lait battu, avant d'être séchée sur le pré, était encore, il y a vingt ans, préféré surtout pour les tissus fins. Depuis lors, l'invention de Berthollet est venue révolutionner l'industrie du blanchiment : ce savant remarqua que le chlore a une telle affinité pour l'hydrogène, qu'en l'introduisant dans l'eau, il la décompose rapidement, en absorbant l'hydrogène, et permettant ainsi à l'oxygène naissant d'enlever aux tissus la matière colorante. C'est sur ce principe que repose la théorie du blanchiment, tel qu'il s'opère actuellement dans presque toutes nos blanchisseries aussi bien pour le fil que pour la toile. Nous avons visité tout récemment un magnifique établissement, dirigé par M. Mahieu-Delangre, d'Armentières, d'après le système qu'on désigne sous le nom de système irlandais. Les nombreuses manutentions du blanchiment, s'y font toutes mécaniquement, à l'aide d'ingénieuses machines appliquées au lessivage, au rinçage et au séchage du fil et de la toile. Le tissu est d'abord plongé dans de vastes chaudières, au travers desquelles la vapeur précipite à plusieurs reprises, une lessive de soude à divers degrés ; la toile une fois lessivée et séchée sur le pré, est passée dans un bain de chlore, formé par une dissolution de chlorure de chaux. Précédemment, on opérait avec du chlore liquide, obtenu par la réaction de l'acide sulfurique sur le peroxide de manganèse ; depuis, on préfère généralement dissoudre le chlorure de chaux, connu dans le commerce sous le nom de chlore en poudre. Après avoir subi l'action du chlore pendant six à douze heures, suivant la température et la nature du tissu, celui-ci est rincé et purgé du chlore et de la chaux, à l'aide d'un bain d'acide sulfurique ou d'acide muriatique. Cette opération, comme celle du lessivage, est répétée plusieurs fois, en raison de la nuance plus ou moins avancée que l'on veut obtenir ; après plusieurs rinçages et un passage au bleu d'azur, la toile est étendue mécaniquement dans un séchoir couvert, à air libre, dans lequel elle atteint un degré de blanchiment, au moins égal à celui que produisait autrefois un séjour prolongé sur le pré, accompagné de fréquents arrosements. L'ancien procédé reposait également sur le principe constaté par Berthollet, l'action de l'oxigène sur la matière colorante, par la décomposition de l'eau ; mais les variations inévitables de l'atmosphère amenaient des résultats incomplets et inégaux : le blanchissage par le chlore pouvant se régler en quelque sorte mathématiquement, a fait disparaître cet inconvénient, et a permis de donner aux fils et aux tissus des teintes uniformes d'une égale blancheur, quelle que soit d'ailleurs la nature des lins employés ; il est venu ainsi faciliter l'opération si délicate du mélange des lins, qui avait tout d'abord créé de grandes difficultés pour l'ancienne blanchisserie.

Le lessivage et le crêmage des fils se font d'après les procédés que nous venons d'indiquer pour la toile ; ils ne constituent que des degrés plus ou moins avancés de blanchiment, et ont pour but, en enlevant la matière colorante du fil avant le tissage, d'obtenir des tissus serrés qu'on nomme toiles crêmées. Quant à la nuance blanc-parfait, qui affaiblit nécessairement le fil et en rend par suite le tissage plus difficile, elle ne s'applique qu'à un très-petit nombre d'articles, l'expérience ayant appris qu'il est plus avantageux de la produire sur le tissu même.

Contrairement au tissage et à la filature, le blanchissage n'emploie que des hommes ; pratiqué sur le pré, ce travail ne présentait, au point de vue hygiénique, d'autre danger pour l'ouvrier, que des douleurs rhumatismales, provoquées par l'humidité et par les rinçages en rivière. Dans le nouveau système, les émanations du chlore rendent nécessaire une aération active ; à la surface des bains de chlore et d'acide sulfurique, il se dégage à l'état de gaz, des acides chloreux et hydrochloriques, qui attaquent les poumons, provoquent la toux et pourraient amener l'asphyxie, s'ils restaient concentrés. Le chlore pur mélangé à une grande quantité d'air peut être respiré sans danger; il n'en est pas de même de ses diverses combinaisons avec l'hydrogène et l'oxygène, comme on peut s'en assurer, en aspirant la vapeur blanche qui s'échappe de l'acide muriatique concentré. Il y a donc des précautions à prendre relativement à l'aérage, et pour ce motif, il est bon d'établir à l'air, en dehors de l'atelier principal, la cuve où l'on doit dissoudre le chlorure de chaux avant d'en opérer la décantation.

Nous n'avons plus que quelques mots à ajouter sur la construction des machines, employées dans l'industrie linière.

Cette branche annexe s'est, comme toutes les autres, centralisée dans le département du Nord; en vain quelques constructeurs de Paris et d'Alsace, ont essayé au début, de fournir l'outillage de la nouvelle industrie; ils ont successivement renoncé à des tentatives infructueuses, et les usines de MM. Windsor frères, Vennin, Walker, Hartmann de Lille, fabriquent pour toute la France, les machines de filature et de tissage qui ne viennent pas de l'étranger.

Si, à cette nomenclature si variée des diverses industries qui se rattachent à l'emploi du lin, on ajoute celle des fabrications, qui fournissent à nos établissements liniers, les nombreux objets nécessaires à leur installation et à leur entretien, on reconnaîtra la vérité de ce que nous disions en commençant, que l'industrie linière constitue la ressource la plus précieuse du Nord de la France. Aucune autre ne peut lui être comparée pour la variété des produits, pour les nombreux salaires qu'elle répand; si au point de vue hygiénique, elle présente quelques faibles dangers, les progrès réalisés à ce jour, les ont fait presque entièrement disparaître; quant au point de vue moral, elle n'entraîne pas forcément comme la filature de coton, la concentration des ouvriers dans des villes dont le séjour est plus pernicieux que celui de l'atelier, et par l'emploi qu'elle fait des femmes et des enfants, elle conserve à la culture des bras plus vigoureux qui lui sont nécessaires.

Aussi, voyons-nous avec bonheur l'industrie linière tendre à se centraliser de plus en plus dans le département du Nord, et en particulier dans l'arrondissement de Lille ; la récente création dans cette ville d'une bourse linière, contribuera encore à activer ce mouvement. A l'instar de ce qui avait déjà lieu pour l'industrie sucrière, toutes les branches de l'industrie linière voient leurs représentants se réunir chaque semaine pour régler leurs intérêts, autour d'une statue dont les emblèmes ont été choisis comme pour rappeler à tous que c'est au génie de Napoléon Ier que nous devons les deux plus beaux joyaux de notre couronne industrielle ; la filature de lin et la fabrique de sucre de betterave.

INDUSTRIE LINIÈRE

DANS LE DÉPARTEMENT DU NORD.

1er Janvier 1864.

FILATURES DE LIN.

COMMUNES.	NOMS DES FILATEURS.	Nombre de broches.
	ARRONDISSEMENT D'AVESNES.	
	Néant.	
	ARRONDISSEMENT DE CAMBRAI.	
MASNIÈRES.	A. Chappelier.	4,538
	ARRONDISSEMENT DE DOUAI.	
DOUAI	Butruille	4,208
	Wagon	4,528
	Demezière	3,308
	U. Pauchet	4,488
FÉRON	Kindt et Massart	2,470
FLINES-LES-RACHES . . .	Coulmont	440
SIN.	Wagon	6,246
	Demézière	4,420
ORCHIES.	Thiers et Dorchies	4,660
	A reporter. . . .	00,000

COMMUNES.	NOMS DES FILATEURS.	Nombre de broches.
	Report . . .	00,000
ARRONDISSEMENT DE DUNKERQUE.		
COUDEKERQUE.	Dickson et C.ie	4,440
DUNKERQUE	Herbart, Grandy G. et C.ie . . .	3,040
	Broquant et C.ie	580
HONDSCHOOTE	F. Dumoulin et B. Derycke . . .	3,248
WATTEN.	Vandesmet et C.ie	2,206
SAINT-MOMELIN	E. Massart	1,734
QUAEDYPRE	Pareydt	240
ARRONDISSEMENT D'HAZEBROUCK.		
HAZEBROUCK.	Decapol	1,900
ARRONDISSEMENT DE LILLE.		
	F. Becquart et Leleu	2,688
	Benoist-Hallez et fils	2,444
	Vaniscotte père et fils	2,346
	Dehaes et sœurs	4,060
	Ghesquière-Poullier	4,254
	Descamps-Mahieu.	1,652
	H. Descamps	800
	Salez	3,126
LILLE	Debièvre et C.ie	1,848
	V.e Descamps et C.ie	1,546
	H. Vaniscotte	2,116
	Droulers et Agache	7,516
	Poullier-Longhaie	3,080
	Verdure	860
	Robillon	1,808
	Humbert frères	2,426
	E. Van de Weghe	[3,648
	Victor Saint-Leger	3,200
	A reporter. . . .	00,000

COMMUNES.	NOMS DES FILATEURS.	Nombre de broches.
	Report. . . .	00,000
	H. Carbon	3,450
	Martiny-Hespel	736
	Descamps l'aîné.	5,732
	Dautremer fils aîné	4,896
LILLE	Id. id.	2,256
	Choquet frères	2,426
	E. Delecroix	2,768
	Glorie et C.ie	1,702
	F.-J. Haueiz	1,512
	Lerouge et Paquet	636
	Drummont-Baxter	2,706
	C. Brière	1,322
	Cœvoet frères	3,068
	Dequoy et C.ie	10,503
LILLE (Moulins)	G. Decoster et Lefebvre fils . .	3,222
	Lammens fils aîné.	2,704
	J. et P. Leblan frères	4,070
	W. Taylor	3,844
	Wallaert frères.	17,300
LILLE.	Monchain	2,500
	Baillieu, Lemaire et C.ie . . .	2,406
	Caulier-Roussel.	4,042
LILLE (Esquermes). . . .	Crépy fils et C.ie	4,018
	Fauchille frères.	2,300
	Richez et C.ie	2,248
	Wackernie	4,166
	Basquin et Soufflet	8,356
	Courtois	1,628
LILLE (Wazemmes)	Delattre et C.ie, rue d'Eylau . .	1,608
	Id. rue des Sarrazins.	4,560
	P. et V. Decock.	4,324
	F. Delcourt.	3,454
	Duchange-Danniaux.	4,736
	A reporter	000,000

COMMUNES.	NOMS DES FILATEURS.	Nombre de broches.
	Report. . . .	000,000
	Faucheur-Deledicque et fils . .	5,512
	Fauchille frères.	5,916
	L. Kindt	976
	Lepercq-Deledicque	5,096
LILLE (Wazemmes). . . .	Mahieu-Ponpart	2,528
	C. Marrhem	2,350
	Puplus	650
	Catel et Waymel	6,300
	John Clay	3,678
	A. et E. Boyer	2,240
	Decarnin-Caroulle	2,040
LILLE (faubourg de Fives)	Desmedt-Wallaert	4,644
	Vᵉ Pauris et fils	3,908
	Lambry-Carbon	2,126
LILLE (faub. St-Maurice)	Lammens frères	3,968
	Steverlynck-Delecroix	4,776
	Waroux	100
LA MADELEINE.	Delesalle-Desmedt et C.ie . . .	2,344
FACHES	J. et P. Leblan frères	4,940
HALLENNES..	Gibson et Merveille	1,510
MARQUETTE..	Decourchelles-Lecocq	2,186
	Vrasse-Laurent	3,088
WAMBRECHIES.	Delgutte aîné.	1,508
	Bruyerre frères.	2,436
WILLEMS.	James Ireland	1,120
HALENNES-LES-HAUB. . .	Truffaut.	3,732
HAUBOURDIN.	Gachet.	1,870
	Colombier-Batteur et fils . . .	4,068
	C. Demersseman	2,782
LOMME.	F. Bruyerre.	2,816
	P. Bruyerre	1,132
	A. Jolivet	944
	Verstraete	7,820
	A reporter. . . .	000,000

COMMUNES.	NOMS DES FILATEURS.	Nombre de broches.
	Report. . . .	000,000
Loos. . . . . {	Gallafent	432
	Parvillez-Boyer	3,672
LANNOY.	Boutemy et Delaunoy	6,348
MARCQ-EN-BARŒUL. . . . {	Danset frères	2,150
	Scrive frères	13,914
LINSELLES. . . . . . . {	Hennion et C.ie	3,636
	Hennion-Wellens.	2,556
LANNOY.	G. Cannissié	2,820
LYS-LES-LANNOY	Delannoy	6,464
TOURCOING . . . . {	Ph. Motte et C.ie	4,656
	Lemaire-Requillart	3,428
	Leloir	3,394
PHALEMPIN. . . . . . . {	Defretin et Cordonnier	4,928
	L. et E. Crépy	1,960
	Claeys.	2,146
	Desmazières	2,688
	Desurmont.	920
SECLIN. . . . . {	Guillemaud	2,572
	V.r Houzé et C.ie	3,360
	Labbe et Prache.	2,240
	Lauwick et Lefebvre.	5,428
	Dubreucq	1,528
HANTAY	Mortelecque et Béghin.	1,920
ARMENTIÈRES . . . . . . {	Ireland et Béghin	3,958
	Mahieur-Delangre	12,752
PÉRENCHIES	Droulers et Agache	12,852
QUESNOY-SUR-DEULE. . .	. . . .	2,060

ARRONDISSEMENT DE VALENCIENNES.

Néant.

	TOTAL.	446,237

TISSAGES DE TOILES A LA MÉCANIQUE.

COMMUNES.	NOMS DES FILATEURS.	Nombre des métiers.
	ARRONDISSEMENT D'AVESNES.	
	Néant.	
	ARRONDISSEMENT DE CAMBRAI.	
MASNIÈRES.	Roux et Bourgeois	24
CAMBRAI	Cohin et Cie	189
	Bertrand	22
	ARRONDISSEMENT DE DOUAI.	
DOUAI	Lefebvre	45
	Colle	60
FLINES-LES-RACHES	Masure	16
	ARRONDISSEMENT DE DUNKERQUE.	
COUDEKERQUE	Dickson et Cie	164
DUNKERQUE	Broquant et Cie	25
	ARRONDISSEMENT D'HAZEBROUCK.	
MERVILLE	Duhamel frères	50
	A reporter.	565

COMMUNES.	NOMS DES FILATEURS.	Nombre des métiers.
	Report.	565

ARRONDISSEMENT DE LILLE.

COMMUNES.	NOMS DES FILATEURS.	Nombre des métiers.
LILLE	Van Remoortère.	10
LILLE (Moulins)	Calaisse	70
	Denniel-Berriot	18
	J. Dequoy et Cie	190
	Wallaert frères	53
LILLE (Wazemmes) . . .	Delcourt	65
	Descheecmacker.	84
LILLE (Fives)	Veuve Pauris et fils	20
	J. Casse et fils	50
LA MADELEINE	Delettré	75
SAINT-ANDRÉ	Taillard et Barbry.	40
MARQUETTE	J. Scrive et fils	177
MARCQ-EN-BAROEUL . . .	Danset frères	84
HALLUIN.	Delahousse-Vienne	47
DEULÉMONT	Cumber et Cie	21
HANTAY	Mortelecque et Beghin	48
SECLIN	Dupire.	15
ARMENTIÈRES	Mahieu-Delangre	200
	Dansette	100
	D. Delécaille	80
	Victor Pouchain.	105
	Vanuxen et Cotteaux.	40
	Henri Deron	48
	Béghin-Dufflot	120
	Colombier et Cie	300
	Bouche et Bouchez	46
	Carpentier, Ruyant et Gruson. .	80

ARRONDISSEMENT DE VALENCIENNES.

Néant.

	TOTAL	2,721

TEILLAGES DE LIN PAR PROCÉDÉS MÉCANIQUES.

COMMUNES.	NOMS DES FABRICANTS.	Nombre d'ouvriers.
ARRONDISSEMENT D'AVESNES.		
Néant.		
ARRONDISSEMENT DE CAMBRAI.		
Néant.		
ARRONDISSEMENT DE DOUAI.		
FLINES-LES-RACHES . . .	Coulmont.	13
SIN	Bootz	23
	Wagon.	20
AUBIGNY	Piton.	12
	Salmon.	12
GŒULZIN	Dubois et Cie	25
ARRONDISSEMENT DE DUNKERQUE.		
QUAEDYPRES	Pareydt.	25
ARRONDISSEMENT D'HAZEBROUCK.		
Néant.		
ARRONDISSEMENT DE LILLE.		
WAVRIN	Desruelles	7
BOUSBECQUES	Becquart.	18
DALLE	Dalle.	30
	Lepoutre.	11
BOUSBECQUES	Delepoulle	30
RONCQ	Vanstenkiest	35
	TOTAL	**261**

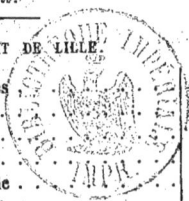

www.ingramcontent.com/pod-product-compliance
Lightning Source LLC
Chambersburg PA
CBHW070914210326
41521CB00010B/2172